Empfehlen & Verkaufen im Buchvertrieb

Nicole Lümken

Bibliografische Informationen der Deutschen Nationalbibliothek:

Die Deutsche Nationalbibliothek verzeichnet diese Publikation in der Deutschen Nationalbibliographie. Detaillierte bibliographische Daten im Internet über http://www.d-nb.de abrufbar.

Impressum

Nicole Lümken, „Empfehlen & Verkaufen im Buchvertrieb"
www.Jakobs-Verlag.de

Lektorat: Birgit Rentz

ISBN 978-3-946490-13-5

Empfehlen & Verkaufen im Buchvertrieb

Nicole Lümken

Inhalt

Liebe Leserinnen und liebe Leser,

mein Name ist Nicole Lümken und ich freue mich, dass Sie mein Buch *„Empfehlen & Verkaufen im Buchvertrieb“* in Ihren Händen halten.

In meinem Ratgeber, welcher ursprünglich aus Kurzgeschichten bestehen sollte, erfahren Sie, wie Sie künftig erfolgreich Bücher empfehlen und wie Sie sie verkaufen!

Einfach, schnell, unkompliziert und dauerhaft.

In meinen Büchern schreibe ich nicht einfach irgendetwas aus der Theorie heraus, sondern ich berichte aus dem realen Leben und der Praxis. Das ist genau das, was mich und meine Bücher ausmacht und Ihnen zu Ihrem Erfolg verhelfen wird.

Da Sie vorhaben, für einen Buchvertrieb, einen Autor oder ein Unternehmen tätig zu sein, erkläre ich Ihnen, worauf Sie achten sollten und was das A und O im Empfehlungsmarketing und beim Verkauf von Büchern ist. Halten Sie sich vor Augen, dass *jedes Unternehmen sein eigenes Vertriebssystem hat, welches Sie nur zu erlernen und zu verstehen brauchen. Folgen Sie dann den einfachen Wegen bzw. setzen Sie das Werkzeug, welches Sie für Ihre Arbeit an die Hand bekommen, richtig ein.*

Warum? Ganz einfach: *Gerade am Anfang hat man seine eigene Vorstellung davon, wie man empfehlen und verkaufen möchte, und malt sich ganz viele seiner Ideen in Bildern und verschiedene Theorien im Kopf aus, die aber Zeit kosten. Und somit sind Sie viel zu sehr damit beschäftigt, Geld wirklich zu verdienen, weil Sie vor Zeitverschwendung keine Zeit mehr zum Geldverdienen haben!*

Nehmen Sie sich die Zeit und starten Sie Ihre neue Tätigkeit locker und nicht verbissen und folglich krampfhaft. Und vor allem beginnen Sie Ihre Tätigkeit erst dann, wenn Sie selbst davon überzeugt sind und es wirklich wollen. Einen der größten Fehler, den viele Neulinge begehen, ist der, dass sie sich in etwas hineinmanövrieren oder etwas sehen, was gar nicht vorhanden ist. Oder sie sind so euphorisch, dass es zunächst richtig gut läuft, aber schon nach wenigen Wochen das Geschäft zu scheitern droht. Warum?

Der Grund dafür ist ganz simpel: Zuerst erzielt man Erfolge, doch vernachlässigt man die

Bestandskundenpflege und die Kundenbetreuung ebenso wie die Kundengewinnung – und scheitert folglich an den nicht wahrgenommenen Chancen und dem ausbleibenden weiteren Geschäft.

Doch dazu erfahren Sie später mehr!

Auf den nachfolgenden Seiten erkläre ich Ihnen, was Empfehlungsmarketing ist und wie es funktioniert, ebenso wie Sie erfolgreich Bücher verkaufen. Wie *Vertriebspartner* ein gutes und erfolgreiches Geschäft führen und welche Möglichkeiten es in diesem Geschäft gibt.

Betrachten Sie mein Buch bitte mit Mehrfachfunktion und -nutzen, denn es erklärt zum einen, wie Empfehlungsmarketing geht, zum anderen, wie der Verkauf funktioniert, und zudem informiert und erklärt es, wie es in einem Unternehmen sein kann.

Doch nicht nur das! Ich erkläre allen Vertriebspartnern, die für einen Autor oder einen Buchvertrieb, einem Verlag tätig sind, warum sie möglicherweise scheitern und wie sie diesem Scheitern entkommen können.

Ich hoffe, dass Ihnen mein Ratgeber nützlich sein wird, und wünsche Ihnen viel Spaß beim Lesen, Verstehen, Umsetzen und beim Feiern Ihrer erreichten Erfolge!

Ihre Nicole Lümken

Herzlichen Glückwunsch!

Start frei für Ihre neue Tätigkeit – die Selbstständigkeit im Buchvertrieb!

Sie haben die Entscheidung getroffen, Buchvertriebspartner oder Empfehlungsgeber eines Buchverlages, eines Buchhandels, eines Buchvertriebes zu werden bzw. sind es bereits.

Ihre Tätigkeitsfelder sind:

- Bücher zu empfehlen
- Bücher zu verkaufen!

Ob allein oder mit der Unterstützung weiterer Vertriebspartner und Empfehlungsgeber, das entscheiden Sie selbst.

Dennoch gilt: *„Gemeinsam sind wir stark und gelangen zu unseren Zielen!“*

Und es ist doch toll, wenn man sich ein Team aufbaut, welches ebenso Spaß daran hat, Geld zu verdienen wie Sie selbst auch, oder?

Wenn Sie für einen Autor oder einen Buchvertrieb tätig sind, dann haben Sie eine schriftliche Vereinbarung mit diesem getroffen. Sie haben die *Vertriebsvereinbarung*, die Vereinbarung für Empfehlungsmarketing, verstanden, waren mit der *Vergütung* bzw. dem *Vergütungsplan* einverstanden und haben ihn nicht nur ausgefüllt, sondern auch unterzeichnet und abgegeben oder zurückgesandt.

Schlauerweise haben Sie, wenn es angeboten wurde, Ihre Grundausstattung gleich mitbestellt, denn ohne Produkte – in diesem Falle Bücher – werden Sie es schwer haben, diese zu präsentieren. Wie wollen Sie mit nichts verkaufen? Wie wollen Sie mit nichts empfehlen?

Eben, das geht nicht!

Aus diesem Grunde haben Sie eine Investition getätigt, damit Sie alles für einen erfolgreichen und einfachen Start vorliegen haben.

Investitionskosten
Sie haben zum Vertriebsstart, egal ob als Empfehlungsgeber oder als Vertriebspartner, Investitionskosten zwischen 30,00 € und 500,00 € für die Gründung, den Start Ihres Vertriebes bzw. Ihres eigenen Unternehmens, Ihrer Tätigkeit in der Selbstständigkeit!*

(* Diese Investition beinhaltet bereits die sogenannte Grundausstattung.)

Bei den Grundausstattungen wird unterschieden. Im Empfehlungsmarketing sind es oft Unterlagen wie Empfehlungskarten, manchmal auch ein Produkt oder mehrere, Visitenkarten, eine Anleitung etc., während es bei der Vertriebsausstattung zusätzlich Buchpakete gibt, welche sich Empfehlungsgeber auch bestellen können. Diese Pakete stehen in verschiedenen Größen zur Auswahl und eignen sich nicht nur zur Präsentation, sondern auch zum direkten Verkauf.

Bis Sie nun die Geschäftsunterlagen bzw. Ihre Grundausstattung erhalten, vergehen bis zu circa vierzehn Tage. In dieser Zeit sollten Sie nicht nichts tun, sondern sich entsprechend vorbereiten. Wenn es lediglich eine Sortimentserweiterung, ein zusätzliches Angebot an Ihre Kunden im Geschäft, Lokal etc. ist, dann müssen Sie nichts Großartiges vorbereiten, keine Frage!

Wenn Sie aber aktiv den Verkauf in seinen zahlreichen Erscheinungsformen betreiben wollen, dann sollten Sie wissen, was es für Sie noch zu tun gibt und was für Ihr Geschäft unterstützend sein kann, aber nicht muss. Sollten Sie einige Punkte umsetzen, werden Sie sehen, dass Sie die Zeit, die vergeht, bis Sie Ihr Buchpaket erhalten, schnell überbrücken.

Sicherlich standen Sie, wenn Sie für sich den Weg als Handelsvertreter oder Vertriebspartner für Produktpräsentationen gewählt haben, das ein oder andere Mal vor dem Spiegel, im Wohnzimmer, vor dem Esstisch oder wo auch immer, um zu schauen, wie Sie den Interessenten, den Gastgebern und Freunden die Bücher schmackhaft machen können und dabei sogar noch eine gute Figur machen.

Das ist gut so! Das macht jeder von uns! Auch wir Autoren selbst. Gerade dann, wenn Lesungen, Pressetermine etc. bevorstehen und wir uns darauf vorbereiten.

Da ich immer wieder von meinen Lesern gefragt wurde, ob sie eine Prämie bzw. eine Provision für ihre Weiterempfehlung erhalten oder ob ich mir eine Zusammenarbeit mit ihnen vorstellen könne, ebenso wie sich Unternehmer oder Händler nach besseren Konditionen als die durch den Großhandel erkundigten, habe ich mir sinnvolle Gedanken gemacht. Es macht Spaß, mit Menschen zusammenzuarbeiten! Aus diesem Grunde habe ich mit Hilfe und Unterstützung eines lieben Menschen einen Buchvertrieb gegründet, bei dem Bücherfreunde und Unternehmen meine Werke in ihrem Geschäft oder ihrem Lokal neben den sonst üblichen Produkten und Dienstleistungen anbieten können.

Auch wenn ich im Laufe der Zeit Buchvertriebe kennengelernt habe, kann ich nicht für und von anderen sprechen bzw. über diese schreiben, denn jeder hat seine eigene Art und Weise der Vertriebspartnerschaft, der Vergütung etc. Doch ich möchte Ihnen ein Beispiel von dem von uns gegründeten Buchvertrieb aufzeigen.

Wir bieten *drei verschiedene Möglichkeiten* im Buchvertrieb an. Jeder *Vertriebspartner* kann auf dieser Basis selbst entscheiden, wie und zu welchen Konditionen er tätig sein möchte.

Alle Vertriebspartner erhalten eine Anleitung der neuen Herausforderung, in der sie jederzeit nachlesen können, was, wie, wo machbar ist, wo sie aber auch erfahren, was wir nicht suchen!

Erschreckenderweise wissen viele „Vertriebspartner" nämlich nicht, worauf sie sich einlassen, wie ein Buchvertrieb wirklich funktioniert, wie man erfolgreich Bücher empfiehlt und sie auch verkauft. Da ich aber keine Broschüre anfertigen wollte und es viel zu viel Inhalt für eine solche wäre, habe ich meine Erfahrung und das Basiswissen in diesem Ratgeber zusammengestellt. Denn nichts ist einfacher und sinniger, als Tipps, Hilfestellung und Erklärungen an der

Hand zu haben, die man nachschlagen kann. Zudem beinhaltet mein Buch einen Fragenkatalog, den Sie bitte sich selbst gegenüber ***ehrlich*** beantworten.

Vielleicht werde ich das ein oder andere Mal weit ausholen und Sie mit Beispielen und Argumenten konfrontieren, die in Ihren Augen lustig oder unsinnig erscheinen, doch Sie sollten wissen, dass Sie nur verstehen sollen, wie das Geschäft geht. Sie werden lernen und vor allem begreifen, dass von *nichts* auch nichts kommt!

Irgendwann werden Ihnen sicherlich, gerade dann, wenn Sie selbst ein Tief erleben oder aber Ihr Team aufgebaut haben, meine Zeilen und dieses Büchlein hier in Erinnerung kommen, und Sie werden schmunzelnd sagen:

„Das hat doch die Lümken mal geschrieben!"

Dann blicken Sie zurück, schauen in das Buch, reichen und empfehlen es weiter, und Sie werden andere Menschen begeistern und anstecken, sie dazu animieren zu lernen und zu verstehen, werden ihnen begreiflich machen, dass sie an die Arbeit gehen müssen, um erfolgreich zu sein.

In diesem Sinne wünsche ich Ihnen viel Spaß beim Lesen meines Ratgebers, bei dem einzelne Themen und Rubriken stichpunktartig aufgelistet und mit kurzen, aber verständlichen Argumenten erklärt sind, und hoffe, dass er Ihnen einen gehbaren Weg dorthin weist, wo Ihre Reise hingehen soll.

Wissen ist Erfolg, Erfolg strahlt aus, und Ausstrahlung bringt Umsätze!

Mangelndes Wissen ist oft der Grund des Scheiterns!

Ist Ihnen bewusst, worauf Sie alles achten müssen? Was brauchen Sie noch für den erfolgreichen Start Ihres Buchvertriebs? Worum müssen Sie sich kümmern? Wen sollten Sie kontaktieren?

Schreiben Sie hier alles auf, was Sie meinen zu benötigen, vorzubereiten oder sonst zu tun zu haben:

Ich weiß ja nicht, was und wie viele Punkte Sie sich notiert haben, aber ich komme auf folgende wichtige Dinge:

1. Vertragsunterlagen wie beispielsweise Vereinbarung, Vergütungsplan etc. prüfen, ausfüllen, unterzeichnen (was Sie normalerweise vorher schon getan haben)
2. das Buch/die Bücher lesen
3. den Inhalt des Buches/der Bücher verstehen
4. von den Büchern begeistert sein!
5. Kundenliste anfertigen
6. Geschenkideen für Gäste einfallen lassen
7. Ziele setzen
8. Erfolge feiern
9. Platz für das Produkt sowie die Werbematerialien suchen und finden
10. Kontrolle über die getane Arbeit haben; Optimierung
11. Internetseite/Homepage*
12. Werbematerialien
13. Gewerbeschein*, Anmeldung eines Gewerbes*
14. Steuerberater*

(* falls Sie diese Punkte nicht bereits berücksichtigt haben)

Das sind schon eine ganze Menge und sicherlich nicht alle Punkte, aber die wichtigsten, die Sie nicht außer Acht lassen sollten.

Weiter geht's mit den nächsten Fragen. Bitte beantworten Sie diese bzw. kreuzen Sie das Zutreffende an. Vielleicht lassen Sie Ihrer Führungskraft bzw. dem Autor, dem Buchvertrieb oder dem Unternehmen diesen Fragebogen mit Ihren Antworten zukommen und verwenden dieses Hilfsmittel künftig auch in der Zusammenarbeit mit den von Ihnen geworbenen Vertriebspartnern, denn das wird Ihnen sehr weiterhelfen.

Warum haben Sie sich für den Buchvertrieb entschieden?

____

____

____

____

____

____

____

____

____

____

____

____

____

____

____

____

____

____

____

____

____

____

____

____

____

Ist Ihnen bewusst, dass Sie für Ihren eigenen Erfolg etwas tun müssen?

_____ ja   _____ nein

Wenn nicht, dann sollten Sie sich darüber näher informieren, sich Hilfestellung holen und noch einmal tief in sich gehen. Hier wartet eine Menge Arbeit auf Sie.

Welches Buch/Welche Bücher hat/haben Ihnen aus welchem Grund besonders gut gefallen?

Titel: ______________________________

Autor: ______________________________

Warum? ______________________________

Titel: ______________________________

Autor: ______________________________

Warum? ______________________________

Titel: ______________________________

Autor: ______________________________

Warum? ______________________________

Titel: ______________________________

Autor: ______________________________

Warum? ______________________________

Welches Buch/Welche Bücher hat/haben Ihnen aus welchem Grund nicht gefallen?

Titel: ______________________________

Autor: ______________________________

Warum? ______________________________

Titel: ______________________________

Autor: ______________________________

Warum? ______________________________

Titel: ______________________________

Autor: ______________________________

Warum? ______________________________

Titel: ______________________________

Autor: ______________________________

Warum? ______________________________

Möchten Sie mit dem Vertrieb von Büchern wirklich Geld verdienen?

_____ ja   _____ nein

Wie viel Geld möchten Sie im Monat mit dem Buchvertrieb verdienen?

__________ €

Beabsichtigen Sie, monatlich 500,00 € mit dem Verkauf von Büchern zu verdienen?

_____ ja   _____ nein

Wie wollen Sie tätig sein?

_____ hauptberuflich   _____ nebenberuflich

Sind Sie gewillt, zwischen 10 und 20 Buchverkäufe im Monat zu tätigen?

_____ ja   _____ nein

Sind Sie bereit, monatlich Ihre Verkaufszahlen steigern zu wollen?

_____ ja   _____ nein

Wissen Sie, dass Sie nicht nur Zeit, sondern auch Geld investieren müssen, um Umsätze machen zu können?

______ ja   ______ nein

Sind Sie bereit, Menschen anzusprechen, die Sie nicht kennen?

______ ja   ______ nein

Sind Sie auch bereit, Verantwortung zu übernehmen?

______ ja   ______ nein

Werden Sie dem Unternehmen, dem Autor, dem Buchvertrieb eigenständig Mitteilungen machen?

______ ja   ______ nein

Werden Sie eigenständig Kontakt zum Autor, dem Buchvertrieb oder dem Unternehmen halten?

______ ja   ______ nein

Geben Sie anderen Menschen die gleiche Chance, Geld zu verdienen, wie Sie sie nutzen?

_____ ja _____ nein

Zeigen Sie Respekt im Umgang mit dem Autor, dem Buchvertrieb, dem Unternehmen und den Kollegen wie auch selbst geworbenen Vertriebspartnern?

_____ ja _____ nein

Werden Sie sich selbst, künftigen Vertriebspartnern und dem Autor, dem Buchvertrieb, dem Unternehmen ehrlich gegenüber sein?

_____ ja _____ nein

So, nun haben Sie schon einige Antworten gegeben, die Ihnen weiterhelfen werden. Falls Sie mehr als einen Punkt mit ***„nein"*** beantwortet haben – und damit meine ich nicht die Meinung zu den Büchern –, seien Sie sich im Klaren darüber, dass Sie für Ihr Geschäft noch nicht *bereit* sind.

Von *nichts* kommt nichts, und das muss Ihnen bewusst sein!

Ein **NEIN** ist bei uns Verkäufern und Vertrieblern ein **NEIN**, und es besteht aus zwei Worten, die bedeuten: **noch nicht**! Wann es dann zu einem **Ja** kommt, ist von der eigenen Überzeugung, Begeisterung und dem Wissen geleitet. Erst wenn Sie, wie im hoffentlich ernst gemeinten Eingehen einer Ehe, aus Überzeugung **Ja** gesagt haben, dann werden Sie glücklich und zufrieden mit Ihrer Entscheidung gehen, leben, arbeiten und umgehen!

Ein **Vielleicht** ist weder eine Antwort noch ein Argument, und es ist auch keine Aussage, ebenso wie es keine erfolgreiche Methode ist, um zu starten; denn ob Sie denken, dass Sie das schaffen, oder direkt sagen, dass Sie es nicht schaffen werden – Sie werden eines in jedem Falle haben: recht!

Klare Entscheidungen und Ziele sind das A und O in der hiesigen Vertriebswelt und keine Schleudergänge, bei denen man quasi sekündlich oder minütlich die Zahl der Umdrehungen verändert, wie es einem gerade so passt. Stellen Sie sich mal vor, wie es wäre, wenn Sie Ihre Waschmaschine nach diesem Prinzip steuern würden. Was dann? Dann würden Sie sich nicht nur die Kleidung und die Waschmaschine, sondern dauerhaft auch sich selbst ruinieren, denn Sie müssten laufend neu investieren!

Und da sind wir beim Thema:

***Kleine Schritte* sind der *Anfang* eines jeden Erfolges.**

Nehmen Sie sich einmal die Zeit und denken Sie einen Augenblick über Folgendes nach: **Was meinen Sie, warum werden psychisch erkrankte Menschen, Straftäter (je nach Schweregrad), Mörder etc. behandelt?**

Ihre Antwort:

____

____

____

____

____

So, und nun bedenken Sie, dass beispielsweise ein Einbrecher nur einen Gedanken im Kopf hat: „Er will so viel wie möglich erbeuten!" Dieser Vorsatz ist in seinem Kopf fest verankert und steuert ihn und sein Vorhaben!

Die richtige Antwort lautet: Genau, weil sie triebgesteuert sind – vom Kopf her. Ich nehme diese Menschen nicht in Schutz, aber man muss verstehen, dass unser Kopf der Mechanismus ist, der das Triebwerk steuert und lenkt. Und da ist er wieder, der Punkt: Sie selbst steuern Ihr Denken, und das muss gelenkt werden.

Der und vor allem Ihr Erfolg besteht nur aus einem Ziel: *Gedanken zu steuern, und zwar in die richtige Richtung!*

Wenn Sie sich und Ihre Gedanken nicht in den Griff bekommen bzw. wenn Sie sie nicht gelenkt und kontrolliert bekommen, dann wird bei Ihnen alles außer Kontrolle geraten!

Nicht mein Ernst? Doch! Mein voller Ernst!

Beispiele dafür:

Eine Frau, die zu Hause gequält, geschlagen und erpresst wird, die den Absprung nicht schafft, weil sie Angst hat, eine solche Frau macht alles, was ihr aufgetragen wird, in der Hoffnung, dass sie zukünftig etwas mehr Ruhe haben wird. Sie handelt falsch, aber sie lebt auch ständig mit den Gedanken, dass sie bald wieder verprügelt wird. Sie erkennt in diesem Moment, auch wenn sie sich strafbar machen würde, nur einen positiven Gedanken, die Hoffnung, obwohl sie im Grunde genau weiß, dass es immer so weitergehen wird. Ein konkretes Beispiel dafür: Ein Mann hat seine Partnerin geschlagen, wann und wie immer er es für richtig hielt. Weil er nichts zustande brachte und neidisch war, versuchte er genau an das zu kommen, was er begehrte: Geld, Macht und Herrschaft. Er drohte seiner Partnerin mit Konsequenzen, wenn sie nicht andere betrügen oder tun würde, was er ihr sagte. Die Folge: Aus Angst tat diese Frau, was sie aufgetragen bekam, und blendete die Realität sowie die entsprechenden Konsequenzen und Folgen aus. Sie betrog Menschen und Unternehmen und sagte, was der „Partner" befohlen hatte. Sie ließ sich einschüchtern und erlebte aufgrund dessen Jahre später eine heftige Konfrontation. Sie wurde wegen Betruges zu zwei Jahren auf Bewährung verurteilt. Auch wenn sie das nie wollte, aber sie hatte nach seinem Willen gehandelt und hätte sich trotz ihrer Angst im Klaren darüber sein müssen, dass es nicht richtig war!

Ein anderes Beispiel:

Eine Frau war jahrelang als Sekretärin tätig und verlor dann ihren Job. Statt sich positive

Gedanken über ihre Zukunft zu machen, geht sie in Selbstmitleid auf. „Mit fünfzig Jahren ist das Leben vorbei, da stellt mich niemand mehr ein!" Was immer sie sagt und denkt, ist deprimierend; sie jammert und klagt nur noch.

Würde sie etwas von sich halten und aus sich machen wollen, dann würde sie aufstehen und sagen: *„So, heute wird ein guter Tag! Ich raffe mich auf und lege los!"*

So, wie Sie jetzt leben, ist die Antwort darauf, was Sie denken!

Und da viele Menschen zu viel denken, sich zu viele Gedanken machen und sogar immer und immer wieder „Ja" statt „Nein" sagen, scheitern sie. Sie behindern und verhindern sich selbst, da sie ihre Zeit sinnlos verschwenden, statt sie sinnvoll einzusetzen!

Das Gleiche gilt im Übrigen auch für Diäten. *Wenn Sie eine Diät machen und trotzdem jeden Tag eine Tafel Schokolade essen und statt mehr Wasser doch lieber Limonade trinken, dann nehmen Sie nicht ab. Das Ergebnis ist die Antwort: „Die Diät ist scheiße!"*

Wenn Sie aber auf Ihre Ernährung achten, mehr Bewegung haben und konsequenter oder schließlich konsequent sind, dann werden die Pfunde purzeln, bis Sie Ihr Ziel erreicht haben. *Das Ergebnis: „Das war eine Spitzendiät, ich fühle mich wohl!"*

Dann gilt es, dieses Ziel zu halten. Dies wiederum ist nur dann möglich, wenn Sie konsequent bleiben! Knicken Sie ein und können sich nicht zusammenreißen, dann finden Sie Ausflüchte: *„Ja, ich hatte viel Stress!", „Gesundheitlich war ich angeschlagen!", „Die Kinder waren krank!"* etc.

Die Wahrheit wäre aber gewesen: *„Ich habe es nicht geschafft, mein erreichtes Ziel konsequent weiterzuverfolgen!"*

Was ist so schlimm daran, zu seinen Fehlern zu stehen? Aus ihnen sollte man sprichwörtlich lernen, doch glauben Sie mir, uns allen passiert eines ganz oft: Wir wiederholen die gleichen Fehler – immer wieder, nur auf eine andere Art und Weise. Sehr oft bemerken wir selbst auch gar nicht, dass wir den gleichen Fehler schon wieder machen. Es fällt Dritten eher auf als uns selbst, und wenn wir es selbst bemerken, dann schütteln wir aus Eselei den Kopf und schmunzeln bestenfalls dabei. Warum? Weil wir uns dabei ertappt haben, dass wir unser einmal gesagtes *„Das passiert mir nicht noch einmal!“* offenbar schon längst wieder vergessen haben. Auch aus Fehlern anderer Menschen lernt man nicht. Fehler, die andere begehen, passieren uns auch, nur eben anders. Und doch sind es die gleichen Fehler!

Wie bereits am Anfang geschrieben, ist das mit dem Geldverdienen auch so eine Sache: *Sie haben ganz viele Ideen, Bilder und Theorien im Kopf, aber die kosten Zeit. Und somit sind Sie viel zu sehr damit beschäftigt, Geld wirklich zu verdienen, weil Sie vor lauter Zeitverschwendung keine Zeit mehr zum Geldverdienen haben.*

Denken Sie mal darüber nach!

Je mehr Gedanken Sie im Kopf haben, desto mehr hat Ihr Gehirn zu arbeiten und läuft auf Hochtouren, weil es alles will. Weil es aber zu viel ist, was Sie wollen, ist es zu sehr mit den Gedanken beschäftigt und lässt Sie blockieren. Sie halten sich selbst auf. Die Folge: Es gibt ein Gedankendonnerwetter, eine Explosion, einen Schaden!

Es mag für Sie provokant und absurd klingen, aber es ist so! Nur wenn Sie das verstanden haben, werden Sie erfolgreich sein und, egal in welchem Geschäft, etwas erreichen. Und das gilt nicht nur im Berufsleben, sondern auch im Privaten. Nur dann, wenn Sie wirklich verstanden haben, können und werden Sie glücklich und zufrieden sein und auch so leben.

Ein anderes Beispiel, das Sie selbst bestimmt schon miterlebt haben: Ihr Nachbar hat sich das neue Auto gekauft, von dem er so geschwärmt hat, und nun sind Sie neidisch, weil er es wirklich getan hat und es nicht nur Gerede war. Was meinen Sie, warum Ihr Nachbar sich das leisten konnte? Diese Frage wird Sie vermutlich lange beschäftigen, denn es ist der Neid, der Sie nicht loslässt!

Okay, manche Menschen leben auf Pump, sie finanzieren ihre Anschaffungen über Kredite. Das tun jedoch längst nicht alle Menschen, und da ist der Knackpunkt. Sie arbeiten auf ihr Ziel hinaus, erreichen es und leisten sich das, was Sie wollen. Ob als Spaß oder Belohnung für sich und ihre gute Arbeit, das ist nicht relevant. Sie tun es! Und das ist die gesunde Einstellung, die auch Ihnen gut stehen wird. Nur wenn Sie Ihren Job mit Herz und Verstand ausführen und leben, dann haben Sie die beste Grundvoraussetzung geschaffen, um den Weg nach ganz oben zu gehen.

Ein Beispiel: *Sie sagen sich, dass Sie 50.000,00 € im Jahr verdienen wollen.*

Das ist schön, aber wenn Sie selbst nicht mit dem Herzen daran glauben, dann wird Ihre Art und Weise des Vorgehens, des Handelns, des Arbeitens ebenso sein.

Das Ergebnis: *Sie werden es nicht schaffen!*

Glauben Sie aber an sich und sind mit einem gesunden Selbstvertrauen ausgestattet, dann werden Sie das Ihren Kunden, Ihrem Team und aller Welt auch ebenso schmackhaft präsentieren.

Das Ergebnis: *Sie sind sympathisch, kommen gut bei Ihrem Gegenüber an und schaffen es, Ihr Ziel zu erreichen.*

Nur mit der Denkeinstellung allein kommen Sie allerdings im Leben nicht weiter. Sie müssen davon überzeugt und begeistert sein und entsprechend Ihr Leben gestalten! Warum? Weil die Denkeinstellung lediglich eine richtungsweisende Zutat des Rezeptes für Ihren Erfolg ist, mehr nicht!

Ein anderes Beispiel: *Sie haben schlechte Laune, weil Ihnen eine Rechnung bzw. Mahnung nach der anderen ins Haus flattert.* Was tun Sie? Statt nach einer Lösung des Problems zu suchen, steigern Sie sich in Ihren Frust hinein und ziehen sich selbst damit runter. Ganz nach dem Motto: *„Alles ist scheiße! Alle Welt hat sich gegen mich verschworen!"*

Und genau das sehen Ihnen die Menschen nicht nur an, sie bekommen es auch zu spüren! Das ist ganz gefährlich, denn so können und gehen oft gute Kontakte, Kundenbeziehungen, Freundschaften und sogar Beziehungen und Ehen kaputt.

Wenn Sie sich jedoch aufraffen und sich sagen: *„Ja, da hab ich es übertrieben. Hilft nichts, es muss bezahlt werden!"*, schnallen Sie den Gürtel enger und geben Gas! In dem Moment nehmen Sie die Beine in die Hand und laufen los. Sie suchen sich einen weiteren Job oder machen Überstunden etc. und können nicht nur Ihre Rechnungen begleichen, sondern haben den Kopf wieder frei!

Halten Sie sich das vor Augen und Sie werden vieles lernen und verstehen.

Doch weiter geht's!

Ich möchte Ihnen in meinem Ratgeber auch mitteilen, welche Art Mensch wir suchen, wer in den Vertrieb passt und welche Voraussetzungen mitzubringen sind. Ebenso erfahren Sie, dass es Menschen gibt, die die nötigen Eigenschaften nicht aufweisen und demnach im Vertrieb nichts zu suchen haben. Diese zu erkennen möchte ich Ihnen helfen.

Wenn Sie aus dem Vertrieb kommen, dann werden Sie sich gleich zurücklehnen und eines ganz sicher tun: lachen oder schmunzeln und mir zustimmen, denn Sie kennen es selbst zur Genüge.

Viel Spaß beim Lesen, Verstehen und Umsetzen der nun folgenden Tipps und Hilfen.

Diese Menschen suchen und wünschen sich ein Vertrieb bzw. die Unternehmen!

Was einen guten Vertriebspartner ausmacht und welcher Typ erfolgreich sein wird!

Unternehmen und Vertriebspartner suchen Menschen, die:

- von den Büchern begeistert und überzeugt sind
- bereit sind, auch neue Bücher kennenzulernen und anzubieten
- täglich das Ziel im Kopf haben, zwischen 5 und 10 neue Kontakte zu knüpfen
- das Geschäft nicht neu erfinden, sondern einfach das Bewährte nutzen und ihm das ein oder andere Mal einen neuen Kick geben
- bereit sind, ihren Kunden auch Aktionen zu bieten
- präsentieren
- motivieren
- zuverlässig sind
- ehrlich sind
- Menschen von der Art des Geldverdienens berichten und sie motiviert, ebenfalls dieses Geschäft aufzubauen
- nicht irgendetwas Neues erfinden, sondern bereits vorhandene Materialien nutzen (Presseartikel, Referenzen, Rezensionen etc.)
- nicht bei ihren Kundenkontakten im Kreis laufen und an Kreislaufbeschwerden leiden wollen
- wissen, dass von *nichts* auch nichts kommt

- verstanden haben, dass man seinen Erfolg in die eigenen Händen nehmen muss
- bereit sind, Änderungen – Veränderungen – vorzunehmen
- den Blick und den Durchblick, nicht aber den Tunnelblick haben
- sich gerne ein eigenes Team aufbauen
- selbstständig sind – im Denken wie im Handeln
- Verantwortung übernehmen.

Was ist Empfehlungsmarketing?

Wissen, was das ist und wie es geht!

Kaum ein Mensch weiß, was Empfehlungsmarketing ist – doch jeder praktiziert es meist mehrmals am Tag!

Der Hammer! Wirklich.

Als ***Empfehlungsgeber*** empfehle ich Produkte weiter – mehr nicht!

Ein Empfehlungsgeber verkauft keine Produkte!

Klar, wenn ich eingetragener Empfehlungsgeber bin, dann möchte ich natürlich auch die Prämie für diese Empfehlung haben und überreiche dem Interessenten, dem künftig neuen Kunden, einen Bestellschein, den Produktkoffer, die Visitenkarte etc. oder lasse ihn über meine Homepage bestellen, die zu den jeweiligen Unternehmen verlinkt ist.

Wenn Empfehlungsgeber weitere Empfehlungsgeber animieren und diese bei dem Unternehmen, Geschäft oder dem Vertriebspartner vor- und einstellt, so bekommen sie oft eine einmalige Prämie, ein Geschenk (etwas Materielles) oder aber ein wenig mehr Prozente als zuvor. In manchen Fällen bekommen sie auch rein gar nichts dafür!

Die Anreize für das Empfehlungsmarketing sind immer die gleichen:

Materielle Vergütung

Man empfiehlt etwas, um nachher selbst für die Produkte, die man liebt, nicht mehr zahlen zu müssen oder aber enorm an ihnen zu sparen.

Da Sie sich für Bücher entschieden haben, sind Sie wahrscheinlich eine Leseratte und können nun aufgrund Ihrer Empfehlungen Bücher erwerben, ohne dafür Geld ausgeben zu müssen.

Bare Vergütung

Man empfiehlt die Bücher und erhält als Vergütung Bargeld, mit dem man seine Urlaubs- oder Haushaltskasse aufbessern oder sich eine neue Errungenschaft gönnen kann.

Doch auch für den *Vertrieb* grundsätzlich gilt, dass das ***Empfehlungsmarketing*** die günstigste, bewährteste und immer funktionierende Methode war, ist und bleibt, um Kunden auf sich aufmerksam zu machen und sie für die angebotenen Produkte zu gewinnen.

- Erzählen Sie allen Familienmitgliedern, Bekannten, Freunden, Kollegen, Kunden, Gästen und Besuchern, auch der Bäckereifachverkäuferin, dem Inhaber des Tabakwarengeschäfts, bei dem Sie Stammkunde sind, oder des Kiosks um die Ecke von dem, was Sie tun bzw. welche Produkte diejenigen wo durch Sie günstiger erwerben können.
- Überreichen Sie all diesen Menschen eine Visitenkarte oder eine Empfehlungskarte, auf der das Unternehmen, Ihr Unternehmen, Ihr Name, die Produkte, der Verlag, der Autor, die Homepage, Telefonnummer, E-Mail-Adresse und so weiter angegeben sind.

Sie werden staunen, wer alles *heimlich* die Internetseite besucht und, wenn Sie in einem sogenannten Partner-Programm (dort erfahren Sie nur die Provision aufgrund der Umsätze, aber nicht, wer die Kunden waren) sind, darüber sogar die angebotenen Produkte kauft! Und wissen Sie warum? Ganz einfach! Weil alle, denen Sie das mitgeteilt haben, neugierig geworden sind!

Wenn Sie selbst zum Beispiel ein Buch gelesen haben und von diesem begeistert sind, dann kaufen Menschen, denen Sie davon berichtet haben, es auch, denn sie sind neugierig und müssen sich selbst davon überzeugen. Sie denken, dass es das Richtige für sie ist (z. B. ein Buch zu dem Thema: „Wie nehme ich gesund ab?“ oder „Wie werde ich erfolgreich?“ etc.)

Wissen Sie, wie man das nennt?

Richtig! ***Empfehlungsmarketing*** oder aber auch ***Mund-zu-Mund-Propaganda***!

Wir machen das alle so unzählig oft. Sei es, dass wir von einer Jeans erzählen, von der wir begeistert sind, dem Friseur, der gut und günstig ist und sein Handwerk beherrscht, dem Bäcker drei Straßen weiter, weil er wirklich leckere Brote anbietet, und vieles mehr.

Ich muss immer schmunzeln, wenn ich höre: ***„Das kann ich aber nicht!“***

Was tun Sie denn sonst für die Einkaufs- und Geschäftswelt? Eben! Genau das! Nur mit dem Unterschied, dass Sie weder Geld damit verdienen noch belohnt werden!

Also nehmen Sie als Empfehlungsgeber die Produkte in die Hand bzw. berichten Sie von ihnen und empfehlen Sie diese wie gewohnt weiter, nur mit dem Unterschied, dass Sie eine Vergütung, ganz gleich ob finanziell oder materiell, erhalten.

Wahrscheinlich – ich kenne das selbst nur zu gut – haben Sie auch immer ein Buch in Ihrer Tasche, wenn Sie auf Reisen oder unterwegs sind, weil Sie ein paar ruhige Minuten im Park für sich nutzen oder die Fahrzeit im Zug verkürzen und in die *Buchwelt* abtauchen und manches Mal dem Alltag einfach für eine Weile entfliehen wollen.

Das ist toll! Und wenn Sie jemand fragt, was Sie da lesen und wie das Buch ist, dann berichten Sie davon und reichen künftig eine Empfehlungskarte an jeden Interessenten weiter. So bleiben Sie in Erinnerung und mit ein bisschen Glück kauft dieser Interessent über das Unternehmen, das Geschäft, den Vertrieb, mit dem Sie eine Vereinbarung geschlossen haben, ein und Sie erhalten so eine Vergütung.

Versuchen Sie es doch mal und sprechen Sie auf unterschiedlichste Weise Menschen an. Ob telefonisch oder persönlich, aus eigener Initiative – und argumentieren Sie zum Beispiel wie folgt:

- *„Du, ich habe da ein tolles Buch gelesen. Da geht es um: ___ (Ihre Zusammenfassung) ___. Das musst du unbedingt mal lesen."*

Wahrscheinlich sagt die angesprochene Person jetzt, dass es sich gut anhört, was Sie erzählen, und nun nutzen Sie die Chance und reichen entweder eine Empfehlungskarte mit möglichen Rabatten, Vergünstigung etc. weiter oder erzählen, dass man das Buch über einen Link auf Ihrer Homepage bestellen kann.

- *„Hey du, da du gerne liest, schenke ich dir einen Gutschein über 5,00 €, den du bei xx für Bücher einlösen kannst! Wäre doch schade, wenn der verfällt! Viel Spaß beim Einkaufen!"*
- *„Du, jeder, der mit meiner Visitenkarte bei xy einkauft, erhält 15 % auf seinen gesamten Einkauf! Da bist du doch auch dabei? Viel Spaß beim Einkaufen!"*
- *„Du wolltest dir doch ein Buch bestellen. Ich habe da noch einen Gutschein für ein zweites Gratis-Buch! Den gebe ich dir, dann kannst du den einlösen!"*

- *„Du, der Dieter hat doch demnächst Geburtstag. Komm, wir schenken ihm ein erotisches Buch! Ich hab da auch noch einen Gutschein im Wert von 5,00 €, den lösen wir direkt ein!“*
- *„Du, deine Mutter hat doch demnächst Geburtstag. Schenk ihr ein Buch oder mehrere Bücher, dann hat sie was zum Lesen, wenn sie im Garten die wärmenden Sonnenstrahlen genießt!“*
- *„Du, ich habe Bücher für dich gefunden, die könnten dir gefallen! Schau dir mal die Internetseite an! Die Bücher gibt es nur dort zu kaufen!“*
- *und vieles mehr …*

Empfehlungen sind Werbung, ob Sie es nun als Geschäft betreiben oder ob es im Alltag geschieht. Nur wenn es für Sie ein Geschäft sein soll, dann ***müssen*** Sie diese Art von Werbung machen – sonst wird das nichts!

Je mehr Sie tun, desto größer wird der Ansturm sein bzw. wird man Ihrer Empfehlung nachgehen, und das wird sich für Sie in jeder Hinsicht lohnen!

Kleiner Tipp: Viele der eingeschriebenen oder eingetragenen Vertriebs-Empfehlungsgeber bekommen mit Unterzeichnung eines Vertrages, einer Vereinbarung auf einmal eine ***Blockade***. Von jetzt auf gleich sind sie nicht mehr in der Lage, wie gewohnt zu empfehlen, sondern haben den Schalter auf *„Muss und Druck"* umgelegt. Legen Sie in diesem Falle den Schalter schnell wieder in die ursprüngliche Position und machen Sie einfach weiter wie bisher, dann läuft der Rest von allein.

Warum? Weil sich nichts ändert! Sie empfehlen ja nur, wie Sie es bisher auch getan haben, und können sich aufgrund der dadurch gewonnenen Vergütungen etwas gönnen.

Die Vergütung im Empfehlungsmarketing

Man selbst erhält für seine Empfehlungen oft eine Provisionsvergütung in Höhe von 10 Prozent auf alle Einkäufe, die *ersichtlich* über Sie zustande gekommen sind, manchmal aber auch weniger oder noch seltener mehr.

Prüfen Sie bitte, ob es sich überhaupt lohnt zu empfehlen und Sie wirklich eine nachvollziehbare Einsicht in die Umsätze haben, die durch Sie entstanden sind. Leider sind viele Geschäfte und Unternehmen so undurchsichtig und teilweise auch unehrlich, dass Sie beispielsweise zu hören bekommen: *„Nein hier hat niemand aufgrund Ihrer Empfehlung eingekauft!“* Tatsächlich kann Ihnen aber Ihre Freundin den Kassenbon zeigen und damit belegen, dass sie in dem besagten Geschäft mit der von Ihnen überreichten Karte eingekauft hat. Erschreckend, ich weiß. Doch leider finden und häufen sich die Fälle, bei denen genau das passiert!

Und das könnte Ihre Empfehlungsprämie sein:

Sie haben 20 Kunden empfohlen, die bei Ihrem Vertragspartner, Buchvertrieb, Geschäft sagen wir mal Bücher im Wert von 596,00 € eingekauft haben, auf die Sie eine Provision in Höhe von 10 Prozent bekommen. So beträgt Ihr Verdienst nicht 59,60 €, sondern er wird wie folgt berechnet:

596,00 € abzüglich 7 Prozent MwSt. = 554,28 €. Von diesem Betrag erhalten Sie, wenn Sie nicht mehrwertsteuerberechtigt sind, eine Provisionsauszahlung oder Gutschrift in Höhe von 55,43 €. Wenn Sie jedoch mehrwertsteuerberechtigt sind, dann haben Sie einen Vergütungsanspruch in Höhe von 59,60 € und können nun Ihre Haushaltskasse aufbessern oder aber sich Bücher in diesem Wert aussuchen. Mit dem Empfehlungsmarketing stehen Sie sich und uns Verkaufsberatungen sehr gut bei, wenn Sie „das Geschäft" erst einmal *testen* und aus*probieren* wollen bzw. ganz ohne *Druck* arbeiten möchten. Sobald Sie gute Resultate für sich gewonnen haben, können Sie immer noch als *Vertriebspartner, Verkaufsberater* etc. einsteigen und Ihr eigenes Geschäft und Unternehmen damit gründen und aufbauen.

Wie verkauft man Bücher?

Bücher zu verkaufen ist leichter, als man denkt, man muss nur Ideen haben und diese richtig umsetzen!

Als eigenständiger Vertriebspartner können Sie Bücher auf unterschiedliche Weise anbieten und verkaufen.

- Sie machen es, wie im Empfehlungsmarketing beschrieben.

Das geht immer und ist genau das, was es ausmacht.

- Sie stellen die Bücher im Hintergrund oder Vordergrund gut platziert auf ein Regal, auf den Tresen, die Theke, an die Kasse etc. und bieten diese an.

Denken Sie mal an manche Tankstellen und Geschäfte. Was tut der Kassierer oder Verkäufer, während Sie bezahlen? Genau, er fragt Sie: *„Dürfen es noch zwei Riegel zum Preis von xx € sein?“, „Dürfen es noch drei Putztücher zum Aktionspreis von 5,00 € sein?“* etc.

Machen Sie das doch mal und bieten Sie das Buch/die Bücher auf diese Weise an. Denken Sie dabei aber daran, dass Sie dem Buchpreisbindungsgesetz unterliegen und Bücher nicht verscherbeln können – es sei denn, der Verlag teilt Ihnen dies mit!

Weitere *Möglichkeiten* sind:

- Überreichen Sie Ihren Kunden eine kleine Aufmerksamkeit (Oster- und Weihnachtsgeschenk), einen Warengutschein in Höhe von: xx €

Achten Sie hierbei darauf, dass auf den Gutscheinen Folgendes steht: *„Warengutschein wird* ***nicht*** *in Bargeld eingelöst"*, und auf der Rückseite: *„Dieser Gutschein kann nur bei* ___(Ihr Name & Geschäft)___ *eingelöst werden."*

- Laden Sie ein zu einer Buchpräsentation in Ihrem Geschäft oder Lokal.

Präsentieren Sie die Bücher ausgewählten und eingeladenen Besuchern – quasi als Exklusiv-Vorstellung, lesen Sie selbst ein Kapitel vor, von dem Sie begeistert sind, oder arrangieren Sie einen Termin und eine Lesung mit dem Autor des Buches. Versuchen kann man es ja mal!

- Machen Sie ein Gewinnspiel und verlosen Sie ein Buch, ein Buchpaket etc.

Das weckt die Aufmerksamkeit Ihrer Kunden und Gäste und Sie erhalten zudem wertvolle Kundendaten, die Ihnen wiederum neue Türen öffnen.

Vergütungen im Buchvertrieb

Hier erfahren Sie, was Sie im Buchvertrieb verdienen können!

Die Vergütungen im Buchvertrieb sind sehr verschieden. Aus diesem Grunde stelle ich Ihnen einige mögliche Beispiele vor.

Umsatz & Provisionsstufen

Bei dieser Variante ist es so, dass Ihr Kunde bei Ihnen einen Bestellschein ausfüllt, Sie den Einkauf bei dem Buchvertrieb vornehmen, die Ware an Sie versandt wird und Sie schließlich auch die Rechnung begleichen. Sobald die Ware – in der Regel binnen 2–5 Werktagen – bei Ihnen eingetroffen ist, liefern Sie sie aus und erhalten das Geld von Ihrem Kunden.

Auf den sogenannten Netto-Gesamtumsatz, den Sie bei dem Unternehmen haben, erhalten Sie nach Abzug von meist 30–45 Prozent für Herstellungskosten etc. eine Provision Ihrer Stufe entsprechend.

Beispiel: 20 Kunden bestellen bei Ihnen jeweils ein Buch im Wert von 14,90 € per Bestellformular, weil sie kein Warenlager zum Abverkauf haben oder haben wollen. Somit verbuchen Sie einen Gesamtumsatz in Höhe von 298,00 €. Von diesem Betrag wird jetzt noch die Mehrwertsteuer (7 %) abgezogen und es verbleiben 277,14 €. Nach Abzug (Produktionskosten etc.)

von zusätzlichen 30 % hat sich der Betrag auf 194,00 € reduziert. Sie sehen also, dass dies gar nicht mehr so viel ist. Aber es ist so.

Wenn Sie nun laut Provisionsstufenplan eine Vergütung in Höhe von 40 % erhalten, dann bekommen Sie netto einen Betrag in Höhe von 77,60 € ausgezahlt. Sind Sie mehrwertsteuerberechtigt, dann bekommen Sie die 7 % Mehrwertsteuer natürlich auch noch ausgezahlt. In diesem Falle wären das 83,03 €.

Handelsspanne:

Sie kaufen die Produkte, wann und wie Sie und Ihre Vertriebspartner sie benötigen, direkt beim Buchvertrieb ein. Hier erhalten Sie gestaffelt nach der Buchmenge eine Vergünstigung in Höhe von 20–80 Prozent direkt auf Ihren Einkauf. Das bedeutet, dass Sie bei dieser Variante Ihre Gewinne direkt über die Handelsspanne, also über den Verkauf an Ihre Kunden, verdienen. Manchmal aber nicht immer, können Sie zusätzlich einen Bonus von beispielsweise 1 % auf Ihren eigenen Umsatz, einen Bonus von 2 % auf die Umsätze Ihrer direkt geworbenen Vertriebspartner und einen Bonus von 3 % auf die Umsätze vom Gesamtumsatz der von Ihnen geworbenen Vertriebspartner die wiederum direkt eingestellte Vertriebspartner haben, erhalten.

Wenn Sie sich für den Weg entscheiden, Ihren Umsatz und Gewinn über Handelsspannen zu erzielen, so könnten Ihr Einkauf und Ihre Abrechnung wie folgt aussehen:

Ihr Verdienstbeispiel A:

Das sind Sie! Sie kaufen Bücher mit einem Verkaufswert in Höhe von 722,80 € ein. Nun wird die Mehrwertsteuer in Höhe von 7 % abgezogen. Daraus ergibt sich ein Nettoumsatz in Höhe von 672,20 €.

Laut Vergütungsplan erhalten Sie aufgrund Ihrer Rabattstufe einen Nachlass in Höhe von 40 %. Das bedeutet, auf diesen Einkauf erhalten Sie eben diesen Rabatt, der 268,88 € ausmacht. Ihr Einkaufspreis beträgt also 403,32 €. Zudem erhalten Sie auf Ihren eigenen Nettoumsatz einen Bonus in Höhe von 1 % = 6,72 € ohne Mehrwertsteuer. Sollten Sie mehrwertsteuerberechtigt sein, so wird Ihnen der entsprechende Betrag selbstverständlich mit ausgezahlt.

Ihr Nettoverdienst beläuft sich auf: 268,88 € Handelsspanne zzgl. 6,72 € Bonus, also auf insgesamt 275,60 €.

Ihr Verdienstbeispiel B unter Berücksichtigung der Umsätze Ihrer direkt geworbenen Vertriebler:

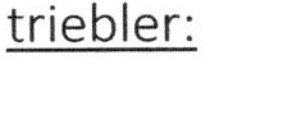

Das ist Ihr geworbener Vertriebspartner:

Ihr direkt geworbener Vertriebspartner tätigt eine Bestellung, die einem Verkaufswert in Höhe von 355,40 € entspricht. Abzüglich der Mehrwertsteuer von 7 % verbleibt ihm ein Nettoumsatz in Höhe von 330,52 €. Laut Vergütungsplan erhält Ihr Vertriebspartner einen Nachlass von 30 % und zahlt für seinen Einkauf 231,36 €, netto. Und er erhält 3,31 € auf seinen eigenen Nettoumsatz. Sein Nettoverdienst beträgt:

99,16 € Handelsspanne zzgl. 3,31 € Bonus, also insgesamt 102,47 €.

Auf den Nettoumsatz Ihres Vertriebspartners erhalten Sie einen Bonus in Höhe von 3,5 %, umgerechnet sind das 11,57 €.

Ihr Verdienst beträgt also aus dem Beispiel A insgesamt: 268,88 € Handelsspanne zzgl. 6,72 € eigener Bonus zzgl. 11,57 € Bonus auf den Partnerumsatz. Betrachtet man nur die Bonusvergütung, so sind das netto: 18,29 €.

<u>Ihr Verdienstbeispiel C unter Berücksichtigung Ihres Teams auf der dritten Ebene:</u>

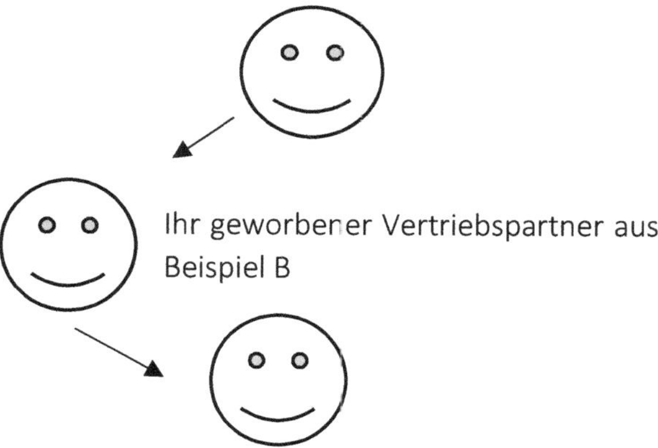

Sie selbst haben das Beispiel A getätigt, Ihr direkt geworbener Vertriebspartner das Beispiel B. Und nun macht Vertriebspartner C Folgendes:

Er tätigt einen Einkauf mit einem Verkaufswert in Höhe von 167,20 €. Abzüglich 7 % (11,70 €) entspricht dies einem Nettoumsatz von 155,50 €. Auf diesen erhält der C-Partner laut Vergütungsplan 20 % und zahlt für seinen Einkauf nur 124,40 €.

Er erhält 1 % auf seinen eigenen Nettoumsatz in Höhe von 1,24 € ohne Mehrwertsteuer. Sie aber erhalten laut Ihrer Provisionsvereinbarung auf seinen Umsatz 3,5 % und bekommen einen Bonus in Höhe von netto 4,35 €.

Sie haben dann wie folgt verdient:

Bonus:

- Ihr eigener Bonus: 6,72 €.
- Bonus aus dem Geschäft Ihres Vertriebspartners aus Beispiel B: 11,57 €
- Bonus aus dem Geschäft des Vertriebspartners aus Beispiel C: 4,35 €

Insgesamt beträgt also Ihr Bonus 22,64 € ohne Mehrwertsteuer.

Zu dieser Bonusvergütung kommt noch Ihre vertraglich vereinbarte Handelsspanne, sodass Sie schließlich bei einem Nettoverdienst in Höhe von 291,52 € liegen.

Wie Sie sehen, ist die Masse entscheidend. Und es wäre doch schade, wenn Sie sich diesen Bonus entgehen ließen.

Damit Sie den Bonus aus dem Umsatz unterer Ebenen erhalten und auch immer Produkte zum Verkaufen parat haben, kann es sein, dass ein monatlicher Mindestumsatz in Höhe von zum Beispiel 15,00 € bis 50,00 € Pflicht. Sollten Sie selbst in einem Monat keinen Mindestumsatz gemacht, also nichts eingekauft haben, während Ihr Team Umsätze vorweisen kann, so entfällt Ihr Bonus auf dessen Umsätze.

Über den Sinn von Pflichtumsätzen kann man diskutieren.

Grundsätzlich gilt, dass nur, wer fleißig ist, auch einen Anspruch auf das Ergebnis des Verkaufserfolges seiner geworbenen Vertriebspartner hat.

Das hat nichts mit Kaufverpflichtung zu tun, sondern damit, dass nur, wer selbst etwas bewegt, ein Recht darauf hat, an den in seinem Team getätigten Umsätzen teilzuhaben.

Es gibt aber auch Buchvertriebe, bei denen keinerlei Umsatz nötig ist. Das ist, wie bereits erwähnt, überall anders, und wenn man sich als aktiver Verkäufer bezeichnen darf, lassen sich die eingekauften Produkte auch wieder verkaufen und man erwirtschaftet auf diese Weise einen Gewinn – was schließlich der Sinn dahinter ist.

Der Mindestumsatz

Nur wer selbst arbeitet, hat Anspruch auf Belohnung!

Die Sache mit dem Mindestumsatz muss man verstehen lernen, damit man ihn nicht (vor)verurteilt.

Bei der Festlegung des **Mindestumsatzes** ist es nicht das Ziel, dass Vertriebspartner die besten Kunden sind (manche Firmen nutzen den Mindestumsatz aber genau zu diesem Zweck). Die Vertriebspartner sollen verstehen, dass ohne Fleiß kein Preis erworben wird, und das ist auch gut so.

Versetzen Sie sich einmal in die Lage eines Unternehmens bzw. des Geschäftsführers.

Sie würden es auch unfair finden, wenn Vertriebspartner, die rein gar nichts tun, um ihr eigenes Geschäft voranzubringen, Boni erhalten, oder? Und sehen Sie, das ist der Hintergedanke.

Solange sich der Mindestumsatz im Rahmen hält, ist dies auch in Ordnung. Zudem ist es so, dass immer wieder mal neue Bücher erscheinen, und auch diese sollte man sich doch zulegen, sie lesen, verstehen, verinnerlichen – und sie dann empfehlen und verkaufen. Sie wollen doch verkaufen und Gewinne bzw. Handelsspannen erzielen oder eine gute Provisionsausschüttung haben – oder etwa nicht?

Davon einmal abgesehen: Wenn Sie selbst den Mindestumsatz nicht erreichen oder tätigen, dann ist das eine Entscheidung, die Sie allein getroffen haben, denn Sie machen damit ganz klar deutlich, dass Sie keine Boni aufgrund der Umsätze der von Ihnen geworbenen Vertriebspartner erhalten wollen.

Doch halten Sie sich bedeckt, was das Schlechtreden angeht, denn Sie wollten ihn ja gar nicht, diesen Bonus, also haben Sie auch keinen Grund, sich darüber zu beschweren, dass er Ihnen nicht ausgezahlt wird.

Etwas anderes ist es, wenn Sie eine *Abo-Bestellung* abschließen müssen, die eine regelmäßige Lieferung von Produkten nach sich zieht! Hiervon rate ich Ihnen *dringend* ab!

Team aufbauen, Geschäft aus- und aufbauen!

Im Team und in Zusammenarbeit erreicht man mehr und schafft einen besseren Umsatz!

Denken Sie einmal über ein Team nach, denn in der Regel ist es sehr sinnig, wenn Sie sich helfen und zu einem besseren Geschäft verhelfen lassen!

Geben Sie Menschen, die gern Bücher lesen, eine Chance, als Empfehlungsgeber für Sie, der ja Vertriebspartner ist, tätig zu werden. Statten Sie diese mit dem normalerweise für den Buchvertrieb, für den Sie tätig sind, vorhandenen Arbeitswerkzeug und entsprechenden Utensilien aus und erfreuen sich über die zusätzlichen Umsätze, die dadurch zustande kommen können.

Beispielsweise mit diversen Aktionen und den bereits erwähnten Empfehlungskarten haben Sie nicht nur mehr Besucher, sondern Sie verzeichnen auch mehr Umsätze!

Weitere Vertriebspartner zu werben ist lohnend und wird oft mit einem zusätzlichen Bonus auf deren Umsätze belohnt. Sie werden sehen!

Gutscheine

Warengutscheine mit Vorsicht in Umlauf bringen!

Bei Gutscheinen, die Sie in Ihrem Geschäft anbieten und damit dem Einlösenden Bargeld versprechen, sind folgende Regeln zu beachten:

Wenn keine Ablauffrist auf dem Gutschein vermerkt ist:

Laut Bürgerlichem Gesetzbuch (BGB) verfällt der Gutschein trotzdem, und zwar spätestens nach drei Jahren. Die Verjährungsuhr tickt aber erst ab Ende des Jahres, in dem er gekauft wurde.

- Wer bei sich einen unbefristeten Gutschein findet, der Weihnachten 2012 ausgestellt wurde, wäre jetzt, Mitte des Jahres 2015, noch nicht zu spät dran. Mit dem Einlösen bliebe noch Zeit bis zum 31. Dezember dieses Jahres. Gutscheine aus dem Jahr 2013 sollten bis Silvester 2016 eingelöst sein.

Barauszahlung ist kein Muss!

Verkäufer müssen *nicht* auf den Wunsch der Barauszahlung eingehen! Schließlich dient der Gutschein ja zum Einlösen gegen Ware oder Dienstleistungen in seinem Geschäft.

- Sollten Sie einen Kunden haben, der Barauszahlung wünscht, dann geben Sie ihm den Tipp, den Gutschein über das Internet zu verkaufen, um so an Bargeld zu kommen. Vielleicht kauft ihn ja jemand, der gerade in diesem Geschäft gern einkauft, und kann etwas damit anfangen. Oder bitten Sie ihn, in der Familie, bei Freunden etc. zu fragen, ob diese etwas mit dem Gutschein anfangen können.

- Selbst wenn auf dem Gutschein ein Name steht, verliert dieser nicht seine Gültigkeit, wenn eine andere Person ihn in Anspruch nehmen möchte.

- Bei den Gutschein-Geschenkkarten ist es ebenso. Jeder, der eine solche Karte in seinen Händen hält, kann sie einlösen – ohne Wenn und Aber. Das sieht auch das BGB so vor.

Befristete Gutscheine:

Für Kunden, die im Besitz eines befristeten Gutscheins sind, gilt, dass sie diesen einfach nur rechtzeitig einlösen müssen.

- Dennoch beträgt die Gültigkeit mindestens ein Jahr! Das Oberlandesgericht München

(Az.: 29 U 3193/07) entschied, dass einer kürzeren Dauer nicht stattgegeben werden kann!

- Die Gültigkeit eines Büchergutscheins, der innerhalb von nur drei Monaten eingelöst werden soll, ist unwirksam. Hier wird aus den drei Monaten automatisch eine Zeit von bis zu drei Jahren.

Etwas anderes ist es, wenn es um einen Gutschein beispielsweise für ein Konzert geht. Das Konzert findet an einem ganz bestimmten Tag statt, und mit Ablauf dieses Datums verfällt auch der Gutschein unwiederbringlich.

Abgelaufene Gutscheine:

- Wenn Sie vor vier Jahren einen Gutschein über zum Beispiel eine Kosmetikbehandlung im Wert von 60,00 € mit einer Gültigkeitsdauer von einem Jahr geschenkt bekommen haben, so ist dieser trotz des Ablaufs der Gültigkeit nicht entwertet, denn er wurde bezahlt!

Sollte sich das Kosmetikstudio weigern, Ihnen die Behandlung zu gewähren, so ist der Inhaber verpflichtet, den Betrag in Höhe von 60,00 € in bar wieder auszuzahlen! Jedoch steht ihm zu, eine Bearbeitungsgebühr für seine entgangene Leistung einzubehalten.

Einen Gutschein zum mehrfachen Einkauf verwenden:

Kunden, die im Besitz eines Gutscheins sind, sind nicht dazu verpflichtet, zum Beispiel 50,00 € auf einmal auszugeben. Sie tätigen ganz einfach mehrere kleinere Einkäufe und der verbleibende Gutscheinwert bleibt ihnen für weitere Einkäufe erhalten. Dafür wird ein neuer Gutschein ausgestellt.

Differenzbeträge:

Kunden, die im Jahr 2014 einen Gutschein im Wert von 50,00 € gekauft haben, diesen aber für etwas einsetzen, das 60,00 € kostet, zahlen den Differenzbetrag.

Ebenso gilt dies für zum Beispiel für Fußpflege-Studios. Hat im Jahr 2013 die Fußpflege 20,00 € gekostet und im Jahr 2015 wurden die Preise nach oben angepasst, muss der Kunde in den sauren Apfel beißen und die Differenz dazuzahlen.

Geschäftsaufgabe:

Sollten Sie einen Gutschein besitzen, zu dem es das ausstellende Geschäft nicht mehr gibt, dann haben Sie als Kunde leider Pech gehabt. Gutscheine verlieren ihre Gültigkeit mit der Aufgabe des Geschäfts!

Ausnahme: Es gibt einen Rechtsnachfolger, der das Geschäft weiterführt!

Aktions-Gutscheine:

Die beliebtesten und immer häufiger eingesetzten Rabatt- und Warengutscheine werden zum einen zum Anlocken neuer Kunden, zum anderen zur Pflege von Bestandskunden eingesetzt. Doch Achtung! Dies muss auf den Gutscheinen entsprechend kenntlich gemacht werden!

- Gültigkeitszeitraum und die „Aktion" müssen für jeden erkennbar sein! Ebenso ist zu vermerken, wenn es sich nur um bestimmte Produkte, Bücher etc. handelt, die von diesem Gutschein betroffen sind!

Sollte all dies nicht erkennbar sein, ist dieser Gutschein mindestens ein Jahr gültig und lässt sich für alles einlösen, was der ausstellende Händler zum Kauf oder als Dienstleistung anbietet!

- Bieten Sie die Bücher auf Ihrer Internetseite in einem Shop zum Kauf an.

Ganz wichtig zu wissen ist es, dass Sie, ebenso wie der Verlag, dem Buchbindungspreisgesetz unterliegen, weshalb keine Rabatt-Coupons ausgestellt werden dürfen. Hier ist nur der Erwerb von Einkaufsgutscheinen erlaubt, die Sie wiederum an Ihre Kunden weitergeben können.

Die goldene Regel im Empfehlungsmarketing und Vertrieb

Wie Sie Ihre Kunden zufrieden stimmen und nicht unnötig verärgern!

Bitte belästigen und nerven Sie Ihre Kunden nicht!

Warum ich das so extrem groß und ganz für sich auf eine Seite geschrieben habe? Weil ich es immer wieder erlebe, dass diese goldene Regel nicht eingehalten wird.

Es gibt nichts Schlimmeres, als von Kunden zu hören und zu sehen, dass sich verbissene, egoistische, tolle „Vertriebler“ anzicken und schlecht über den jeweils anderen reden. Dass sie ihre Kunden per Telefon, E-Mail, Post und sogar privat belästigen und regelrecht nötigen, manchmal sogar erpressen, nur damit sie ein paar Euro Umsatz mehr erzielen.

Und mit welchen Mitteln tun sie das?

- Sie vereinbaren exklusive Gasttermine.
- Sie animieren zum Kauf.
- Sie bringen die Kunden dazu, noch mehr zu kaufen.
- Sie überreden ihre Kunden dazu, sich einschreiben zu lassen und fortan als Empfehlungsgeber oder Vertriebspartner aktiv zu werden.

Wenn all dies ehrlich und gut gemeint ist, dann ist es ja zum Aufbau einer wahren Kunden- und Vertriebsbeziehung richtig und okay, aber nicht, damit man einfach nur sogenannte „Karteikartenleichen“ verzeichnet. Doch die schwarzen

Vertriebspartner stellen noch viel mehr an. Ohne Rücksicht auf die Gefühle anderer Menschen meinen sie, dass es richtig ist, ihre Kunden Folgendes hören zu lassen:

- „Wenn Sie jetzt nicht das auch noch kaufen, bekommen Sie keine Prozente mehr."
- „Wenn Sie keine Exklusiv-Veranstaltung planen, werde ich Sie im gesamten Unternehmen sperren lassen."
- „Sie erhalten weder Vergünstigungen noch Produkte als Extra, wenn Sie nicht mindestens für xx € einkaufen!"

Und lauter solche Sachen! Was soll denn der Mist?

Ich sage Ihnen, was ich hier tun würde:

Kontakt zum Unternehmen, dem Autor, dem Buchvertrieb selbst aufnehmen. Nicht nur telefonisch, sondern auch schriftlich, also per Post oder per E-Mail.

Und wissen Sie warum?

Weil solche „Verkaufsberatungen" nichts im Vertrieb zu suchen haben!

Glauben Sie mir: Personen wie diese finden ganz schnell den Weg aus dem Vertrieb heraus! So etwas lässt kein Unternehmen zu, also werden die Verantwortlichen entsprechend **handeln**!

Leider ist es so, dass viele Betroffenen sich nicht trauen, den Mund aufzumachen. Besser ist es jedoch, wenn sie erzählen, was sie erlebt haben, und andere warnen. Zwar geht dann der große Lauf des Rufmordes los, doch in einem solchen Fall ist dieser berechtigt!

Und wenn sich Betroffene am Ende doch nicht trauen, beim Unternehmen selbst eine Beschwerde einzureichen, dann ist das sehr schade! Dennoch – so etwas geht nicht und solchen schwarzen Schafen im Vertriebsgeschäft gehört ein Riegel vorgeschoben!

So etwas ist ein absolutes No-Go!

Achtung, wenn Sie für mehrere Vertriebe gleichzeitig arbeiten

Ärger vermeiden, ihn besser gar nicht erst provozieren!

Sollten Sie beispielsweise zu Ihrem Buchvertrieb auch Haushaltswaren, Kerzen, Reinigungsmittel oder was auch immer im Angebot haben, besonders dann, wenn diese über sogenannte Produktpräsentationen, heute auch *„Party“* genannt, vertrieben werden, so beachten Sie bitte folgende Punkte:

- Verkaufen Sie bei einer Ihrer Produktvorführung niemals andere Produkte, es sei denn, Sie sind unabhängiger Partner und es ist Ihnen gestattet!
- Machen Sie zudem auch keine Werbung für anderweitige Produkte, denn das wird gar nicht gern gesehen!
- Reichen Sie Ihren Kunden während einer Produktpräsentation keine Flyer, Gutscheine etc., wenn diese nichts mit dem gerade geschehenen Geschäft zu tun haben.

Seien Sie sich bewusst darüber, dass irgendein Kunde sich verplappern könnte und während einer anderen Produktpräsentation der Verkaufsberatung sagt: „Die Frau xxx hat uns das letzte Mal aber noch Warengutscheine im Wert von je xx € für Bücher etc. geschenkt.“ Sie machen sich keine Freude und schon gar keine Freunde damit, sondern katapultieren sich stattdessen selbst ins Aus!

- Rekrutieren Sie, wenn Sie gerade mit dem einen Geschäft beschäftigt sind, keine Kunden und Vertriebspartner, Empfehlungsgeber etc. für das andere Geschäft.

Ausnahme: Sie unterhalten sich mit Ihren Kunden, Kollegen, Vertriebspartnern privat und es stellt sich heraus, dass Sie ihnen genau das Produkt, die Produkte anbieten können, die von Interesse sind!

Sollte dies der Fall sein, dann nehmen Sie am Ende einer Veranstaltung den Kunden an die Seite oder kontaktieren ihn ein anderes Mal und sagen ihm, dass Sie sich gern in den nächsten Tagen melden werden, weil Sie da weiterhelfen können.

Natürlich können Sie Ihre Kunden des einen Geschäfts mit Geschenken des anderen Geschäfts bombardieren und ihnen dieses schmackhaft machen, keine Frage! Doch achten Sie bitte immer darauf, dass Sie sich, wie es so schön heißt, nicht erwischen lassen. Das Unternehmen, für das Sie in genau diesem Moment tätig sind, könnte es Ihnen als Abwerbung anlasten und Sie dafür belangen!

Auch wenn es grundsätzlich nicht verboten werden kann, dass man in mehreren Geschäften dieselben Kunden hat, so sehen das hiesige Firmen anders! Dabei sollten diese froh sein, dass Sie ihnen Ihre Kunden überhaupt anvertrauen und für deren Produkte begeistern können! Aber das steht auf einem anderen Blatt. Hier heißt es, recht haben und recht bekommen ist nicht das Gleiche!

Ich kann Ihnen nur raten: Wenn Sie bereits einen festen Kundenstamm haben, dann setzen Sie sich hin und trennen Sie die Geschäfte ganz klar voneinander, damit Ihnen am Ende kein Ärger, keine Kündigung und auch keine saftige Geldstrafe droht.

- Beim Einstellen und Begeistern neuer Vertriebspartner zum Vertriebsaufbau seien Sie bitte ebenfalls auf der Hut. Hier könnte und wird man Ihnen unterstellen, dass Sie Vertriebspartner abwerben! Das sorgt für Aufruhr, Abmahnungen, Kündigungen sowie für empfindliche Geldstrafen.

Ich meine, auch wenn jeder Partner, der für ein Unternehmen tätig ist, für sich selbst entscheiden muss, ob und wann er kündigt und sich noch ein weiteres Standbein aufbaut, so wird man es Ihnen genauso zur Last legen! Im Vertriebsunternehmen ist es leider so, dass viele Firmen ihre

Vertriebspartner derart unter Druck setzen, dass diese bereit sind zu lügen – zu Ihrem Nachteil, damit man Ihnen ans Leder kann.

Also Augen auf und Vorsicht bei dem, was Sie machen und wie Sie es machen!

Wenn das Geschäft nicht läuft oder: Die große Flaute!

Nicht das Unternehmen, die Produkte oder die Preise sind schuld an Ihrem Scheitern, sondern Sie ganz allein!

Vielleicht kennen Sie diese Flauten, wenn einfach nichts mehr geht, sich nichts mehr verkaufen lässt und irgendwie alles merkwürdig ist. Wenn nicht, dann seien Sie froh. Doch irgendwann befinden auch Sie sich vermutlich in einer solchen Situation.

Ob als Verkaufsberatung, Vertriebspartner, Top-Networker, Handel, Geschäft, Handelsvertreter etc., das ist völlig gleich. Wenn sich nichts mehr verkaufen und an den Endkunden oder den Handel weitergeben lässt, dann hört man stets die folgenden Aussagen:

- Die Produkte sind zu teuer!
- Das Wetter hat mir einen Strich durch die Rechnung gemacht; es war zu warm!
- Die Kunden sind genervt vom ständigen Wetterwechsel!
- Es ist viel zu kalt!
- Die Kunden wollen die Produkte nicht!
- Die Kunden wollen nicht verstehen, dass sie mit einer Vertriebspartnerschaft Geld sparen, Produkte günstiger erwerben und auch noch Geld verdienen können!
- Die Produkte sind nicht gut genug!
- und viele andere ...

Wissen Sie, was diese sind?

Genau! Faule Ausreden – mehr nicht!

Es sind nicht die Produkte, die schlecht oder zu teuer sind. Auch nicht das Wetter, das zu kalt, zu warm oder zu nass und somit schuld an Ihrem Scheitern ist. Nein!

Der ***wahre Grund*** für Ihr Scheitern sind ***Sie***!

Sie ganz allein und sonst niemand!

Gut, Sie sind auf die Nase gefallen und haben Einbußen gehabt, aber nun muss es auch wieder weiter und vor allem bergauf gehen.

Also stehen Sie auf, reißen Sie sich zusammen und legen Sie los! Stellen Sie sich vor den Spiegel und schauen sich ins Gesicht. Was sehen Sie da? Hat sich Ihre Frisur geändert, sind Sie hässlicher als vorher? Haben Sie mehr Pickel denn je im Gesicht? Sind Sie ergraut? Was ist anders an Ihnen?

Nichts? Tja, dann gehen Sie mal ganz schnell in *„Ihr Büro"* und schauen sich Ihre Geschäftsunterlagen an. Welche? Na die, die Ihnen zeigen, was Sie wann wo und wie verkauft haben!

Was erkennen Sie da? Ach nee, das gibt es ja gar nicht! Sie sehen, dass Sie zu der Zeit glücklich waren, eine gute Nachricht erhalten, im Lotto gewonnen oder eine Gehaltserhöhung bekommen haben?

Aha, da sind Sie dem Schlechten nun auf der Spur bzw. auf die Schliche gekommen!

Was ist denn schiefgelaufen? Haben Sie Sorgen, Probleme, sind Sie unzufrieden mit sich oder was lässt Sie so negativ sein?

Raffen Sie sich gefälligst auf und sorgen Sie für das Gegenmittel. Und damit meine ich nicht das Beiseiteschieben des Ganzen, sondern die Suche nach einer Lösung für Ihr Problem bzw. Ihre Probleme!

Nur so haben Sie den Kopf wieder frei und können wie gewohnt an die Arbeit gehen und dem Erfolg weiter entgegensehen!

Halten Sie sich vor Augen, dass

- *von nichts auch nichts kommt!*
- *Veränderungen nur durch Änderungen kommen!*
- *sich der Erfolg nur durch Fleiß einstellt!*

Es heißt nicht umsonst: Ohne Fleiß kein Preis!

- Ändern Sie Ihre Einstellung zu den Produkten!

Überzeugen Sie sich von den Produkten, den Büchern. Lesen Sie sie, ehe Sie mit null Wissen alles ruinieren!

- Ändern Sie Ihre Art und Weise!
- Ändern Sie Ihre Person!

Am besten werden Sie wieder die Person, die Sie mal waren, und hören auf, sich zu verstellen!

- Ändern Sie Ihre Äußerungen!

Manchmal machen Worte alles kaputt! Denken Sie daran, dass einmal Ausgesprochenes nicht wieder zu löschen oder wegzudenken ist!

- Ändern Sie den Pol von „negativ“ zu „positiv“!
- Lernen Sie die anderen Bücher kennen!

Erfahrungsgemäß mag nicht jeder Mensch, der liest, die gleichen Genres, aber eines findet sich immer, welches einem gefällt!

- Seien Sie begeistert von dem, was Sie tun und weshalb Sie es tun!

Wenn Sie demotiviert sind, dann motivieren Sie sich wieder! Wie das geht? Ganz einfach, indem Sie sich selbst Ziele und Belohnungen vorgeben.

Nehmen Sie sich doch das Buch „In 60 Tagen erfolgreich Bücher verkaufen“ vor. Stecken Sie sich klar formulierte Ziele, wie zum Beispiel: *„In diesem Monat will ich 40 Bücher verkaufen – als Belohnung mache ich dann mit meinem Schatz ein Wochenendtrip nach Hamburg.“* Gehen Sie zum Friseur, kaufen Sie sich das schicke Abendkleid oder den Anzug, das/der Ihnen so gut gefallen hat etc.

Es gibt zig Arten und Möglichkeiten, sich selbst zu belohnen und auch zu motivieren. Aber übertreiben Sie es nicht!

Das Erfolgsbuch wird Ihnen zeigen, wie Sie sich entwickeln, weiterentwickeln und was Sie tun müssen, um erfolgreicher zu werden und Ihre Ziele zu erreichen.

Achtung! Viele neigen dazu, ihre Ziele zu hoch zu stecken. Diese sind damit von Anfang an zum Scheitern verurteilt.

Nehmen Sie sich kleine Ziele vor und erreichen Sie diese; dann erhöhen Sie Ihr Ziel immer wieder oder passen es entsprechend an!

Manchmal werden Sie Ihr Ziel auch nicht erreichen, was kein Weltuntergang ist, denn Ziele sind dazu da, angestrebt zu werden, bis man sie erreicht. Allein in einem bestimmten

Zeitraum ein Produkt, ein Buch mehr zu verkaufen, ist bereits ein nicht außer Acht zu lassendes Resümee.

Wo ein Wille ist, da ist auch ein Weg, aber den müssen Sie erst oder grundsätzlich finden! Nehmen Sie die Herausforderung an und planen Sie! Sie werden sehen, was in Ihnen steckt und dass Sie es schaffen können, wenn Sie nur wollen!

Menschen, die in keinem Vertrieb erwünscht sind!

Hier erkläre ich Ihnen, welche Sorte Mensch kein Vertrieb braucht

Wahrscheinlich haben Sie nachfolgende Punkte auch schon erlebt – bei sich selbst oder bei Vertriebspartnern, in Ihrem Team – oder Sie kennen Menschen, bei denen genau das der Fall ist.

- Sie sind hilflos.
- Sie sind orientierungslos, planlos.
- Sie suchen verzweifelt nach neuen Vertriebskollegen/Partnern, die sie werben können, wissen aber selbst nicht, wie das Geschäft geht!
- Sie schieben die Verpflichtungen, die sie ja allein schon sich selbst gegenüber haben, von sich weg, weil sie genau wissen, dass es Arbeit bedeutet.
- Sie sitzen Tage, Wochen, Monate vor dem Schreibtisch und sammeln und notieren sich Ideen für ihr Geschäft, aber in Wirklichkeit leben sie in einem Malbuch oder in einer Traumwelt, was die Theorie angeht, und verschwenden kostbare Zeit, statt sich um die Praxis zu kümmern.
- Sie vergessen, anderen Menschen die gleiche Chance zu geben, wie Sie diese nutzen, um Geld zu verdienen, weil sie zu sehr damit beschäftigt sind, das gewünschte Einkommen zu erreichen, was ihnen aber in den meisten Fällen nicht oder nur schwerlich gelingt.

Wenn das so ist, dann haben diese Menschen den sogenannten „Tunnelblick“ und zählen zu den absoluten Egoisten!

- Sie kennen weder den Inhalt eines der Bücher noch die Titel der Bücher, die sie vertreiben wollen und sollen. Sie wollen auch nichts kennenlernen, lesen und verstehen! Dieser Mangel an Wissen sorgt dafür, dass sie nicht ausreichend motiviert sind, die Bücher begeistert und erfolgreich an den Endkunden oder in den Handel zu bringen!
- Sobald auch nur eine Kleinigkeit aus dem Ruder läuft, werfen sie die Flinte ins Korn und treten den Rückzug an – sie kapitulieren!
- Sie haben Probleme, egal welcher Art, und suchen statt einer Lösung lieber die passende Ausrede!
- Sie wollen nicht einsehen, dass Erfolg und Misserfolg von ihnen selbst abhängen!
- Sie sind gewillt, ihre Kunden zu kontaktieren, aber von neuen Kunden wollen sie einfach nichts wissen, und so drehen sie sich immer wieder im Kreis und merken es nicht einmal!
- Geschäftliche Informationen, die sie an ihre Vertriebspartner oder Kunden und Geschäftskunden weiterzugeben haben, lassen sie links liegen.

- Sie diskutieren lieber und reden schlecht über Produkte, das Unternehmen etc., weil sie nicht in der Lage sind, ihren eigenen Hintern in Gang zu setzen!
- Sie lassen sich davon irritieren, dass ihre geworbenen Vertriebspartner besser verdienen als sie selbst, und verlieren die Spur!
- Sie nehmen alle Äußerungen der Kunden an und lassen sich nicht nur abwimmeln, sondern demotivieren sich zugleich auch selbst!
- Sie wittern ihr Geschäft, und statt es locker anzugehen, gehen sie wie ein Tiger, der seine Beute schnappt, mit Druck an den Interessenten heran, der daraufhin die Flucht ergreift!
- Sie sind der Meinung, dass immer die anderen schuld sind – nie sie selbst! Und das nur, weil sie sich ihrer Verantwortung gar nicht bewusst sind!
- etc.

Das Problem bei so denkenden und lebenden Menschen ist, dass sie wirklich alles, im Grunde aber nichts, zustande bringen und schließlich alles schlechtreden!

Wie es auch im Network und Direktvertrieb bekannt ist, wird sehr viel sehr schlecht geredet. Dem Schlechten hört erstaunlicherweise jeder zu, und vom Positiven will niemand etwas wissen! Diese „Vertriebler“ sollten sich schämen, Gerüchte in die Welt zu setzen! In meinen Augen gehören sie verklagt, und zwar wegen Verleumdung und Rufmord! Genau die Menschen, die so reden oder denken, sind die, die uns Vertrieblern, die ihren Weg gehen, unnötig Zeit und Nerven kosten.

Warum? Ganz einfach, weil sie sich nicht

- motivieren lassen!
- animieren lassen!
- überzeugen lassen!

Weil sie

- nicht lernen wollen!
- alles besser wissen!
- sich nicht eines Besseren belehren lassen!

Die ganze Zeit und die Kraft, die man in diese „Vertriebler“ steckt, ist vertan und nimmt einem anderen Menschen, der wirklich will, die erforderliche Aufmerksamkeit!

Sollten Sie einen solchen Menschen in Ihrem Team haben, so lassen Sie sich nicht herunterziehen oder demotivieren, halten Sie sich nicht mit ihm auf, sondern melden den Vorgang und das Verhalten Ihrer Führungskraft, dem Unternehmen, und streichen Sie ihn von Ihrer Liste. Das erspart Ihnen, sich künftig unnötig über diesen Menschen aufzuregen!

Nutzen Sie Ihre Energie lieber für Ihr Geschäft und die wirklich wollenden Menschen, denn nur so werden Sie gemeinsam wirklich erfolgreich sein!

Doch nun ist Schluss mit dem Negativen! Denken Sie positiv und starten Sie Ihren Vertrieb, Ihr Geschäft und steigern Sie Ihre Umsätze!

Kleine Tipps, die eine große Wirkung haben

Hier dreht sich alles um Werbematerial, Internet und Co.

Wenn Sie schon selbstständig sind, dann sind Sie bereits im Besitz der sogenannten Grundausrüstung, und wenn nicht, dann sollten Sie sich, falls der Autor oder das Unternehmen, für das Sie die Bücher vertreiben, keine Materialien zur Verfügung stellen, bewusst sein, dass Sie das ein oder andere brauchen, um auf sich und Ihr Geschäft aufmerksam zu machen.

Achten Sie bitte in dem Fall, dass der Autor oder das Unternehmen Ihnen Muster oder eine komplette Startausrüstung zur Verfügung stellt, die Sie vervielfältigen wollen, darauf, sich eine Genehmigung einzuholen. Nicht in allen Vertriebspartnerschaften und Unternehmen ist es gern gesehen, wenn Vertriebspartner oder Vertragspartner Vorlagen und Eigentum einfach auf ihre Belange ändern, in Umlauf bringen oder sie eigenmächtig anfertigen bzw. vervielfältigen lassen. Ist ja auch nicht zu verübeln, Sie würden es auch nicht wollen! Abgesehen von Visitenkarten und Flyern, bei denen es ausschließlich um Ihren Namen und die Branche im Allgemeinen geht.

Hier ein paar Punkte, über die Sie sich einmal Gedanken machen sollten, ebenso wie einige hilfreiche Tipps:

Werbematerialien

Seien Sie sich bewusst, dass Sie für die Vermarktung Ihrer Bücher Werbematerialien wie

- Visitenkarten
- Flyer
- Postkarten
- Lesezeichen
- Plakate
- bedruckte Kleidung
- Fahrzeugwerbung
- je ein Buch zum Präsentieren

und andere Dinge benötigen. Es gibt wichtige und unwichtige Werbematerialien, aber eines ist sicher: Es bedeutet stets einen kostenintensiven Aufwand, diese Materialien anfertigen zu lassen, dem gegenüber steht aber auch ein großer Nutzen, wenn das Material gezielt eingesetzt wird. Die Kosten hierfür reichen von „sagenhaft günstig“ – was für den Start völlig ausreicht – bis hin zu „unverschämt teuer“.

Seien Sie sich bewusst darüber, dass der erste Eindruck zählt!

Homepage

Wo schaut heute die ganze Welt nach, wenn sie etwas sucht? Genau, im Internet!

Präsentieren Sie Ihre eigene Homepage und achten Sie darauf, dass auf ihr alles Wichtige enthalten ist. Sie werden im Netz verschiedene Anbieter mit den unterschiedlichsten Angeboten finden. Wählen Sie den für Sie besten Tarif aus und gestalten Sie Ihre Homepage. Meist werden Ihnen sogenannte Vorlagen angeboten, die Sie keinen Cent mehr kosten und ihren Nutzen voll darstellen.

Ob diese Homepage nun 1,19 €, 29,99 € (zzgl. MwSt.) oder sogar noch mehr kostet – Sie allein treffen die Wahl.

Wichtig ist, dass Sie, wenn Sie es nicht selbst machen können, Vorlagen zur Erstellung einer Homepage haben, einen Shop einbinden und jederzeit Veränderungen vornehmen können.

Doch Vorsicht! Eine Homepage soll Ihnen nicht die Haare vom Kopf fressen und viel Geld kosten! Jedoch sind die kostenlosen Homepages einfach nur nervig, denn es gehen ständig Werbefenster auf, die dem Homepage-Besucher keine Lust bereiten, sich weiter durchzuklicken. Manche

Firmen bieten Ihnen auch günstige, andere sehr gut gemachte Firmenhomepages und wiederum andere auch keine an.

Manche Unternehmen haben eine Zusammenarbeit mit Anbietern, wo es sich lohnt über dessen Button einen günstigen Online-Shop oder eine Webseite einzurichten. Wenn nicht, dann fragen Sie nach!

Bei Empfehlungsgebern ist die Möglichkeit bzw. die Variante einer kostenlosen bzw. einer gesponserten und somit Werbefenster anzeigenden Homepage eine Ausnahme. Der Grund ist, dass es sich hier nicht um einen Shop, sondern um eine private Homepage handelt!

Und jetzt?

Zum Start Ihrer Selbstständigkeit hatten Sie bereits Investitionskosten. Dazu kommen monatliche Kosten für die Homepage, wenn Sie denn eine Vertragslaufzeit haben, und, falls Ihr Vertrieb dies vorgibt, die Kosten für einen Mindestumsatz, den Sie leisten müssen, um Bonuszahlungen auf Umsätze Ihres Teams zu erhalten. Abgesehen von der Zeit, die Sie aufbringen, um überhaupt weiterzukommen, zu gestalten etc.

Merkt man gar nicht, oder?

Das geht schneller, als man denkt!

Fangen Sie also an, sich Ihres Vorhabens bewusst zu sein! Und dann starten Sie! Sie werden sehen, dass der Rest in **kleinen** Schritten kommt!

Visitenkarten

Visitenkarten sind ein wichtiges Merkmal. Je auffälliger Sie diese gestalten, desto eher bleiben sie in Erinnerung. Jedoch gilt auch hier, dass es Geschmacksache ist, und deshalb sollten Sie darauf achten, dass Visitenkarten alle wichtigen Kontaktdaten und Informationen enthalten.

Wenn Sie Visitenkarten und/oder Empfehlungskarten mit Ihren Daten über den Autor oder das Unternehmen bestellen können, achten Sie auf die Preise. Im Normalfall sind sie akzeptabel, und wenn nicht, bitten Sie freundlich und in schriftlicher Form darum, diese vervielfältigen zu dürfen. Gerade dann ist es nötig, wenn beispielsweise das Firmenlogo darauf abgebildet ist.

Wenn Sie sich selbst Visitenkarten erstellen, könnte dies ein Beispiel dafür sein:

Vorderseite: Auf der Vorderseite meiner Visitenkarte befindet sich auffällig die Farbe der Bücher wieder. Unter dem Namen, den ich markant und größer geschrieben und links oben auf der Visitenkarte platziert habe, steht zusätzlich: *Vertriebspartner von xxx, Partner von xxx, Selbstständige Verkaufsberatung, freier Handelsvertreter* etc.

Kleiner Tipp für das Empfehlungsmarketing: Auf der Vorderseite stehen das Geschäft, das Unternehmen, der Autor oder der Vertrieb und Ihr Name, und auf der Rückseite eine animierte Werbung und darunter der Text: *empfohlen von:* ________________ *(Ihr Name bzw. der Ihres Empfehlungsgebers)*

Rechts auf der Visitenkarte, etwa ein Drittel der Höhe tiefer gesetzt, stehen dann Anschrift, Telefonnummer, Faxnummer und darunter die Homepage wie auch die E-Mail-Adresse.

Rückansicht: Auf der Rückseite, welche hier z. B. nicht mehr farbig, sondern weiß ist, befindet sich das Visitenkartenlogo, welches ich als Hintergrund vergrößert habe, wieder. Ebenso der Name, der Slogan und die Homepage.

Mehr nicht!

Ob Sie dort nun als Logo eine günstige oder kostenlose Vorlage aus den hiesigen Online-Shops verwenden, das bleibt Ihnen überlassen. Sie können eine Visitenkarte, weil sie oft einige Euro günstiger ist, auch nur schwarz-weiß drucken lassen. Wenn Sie aber auf sich aufmerksam machen möchten, dann nehmen Sie etwas, das auffällt und ins Auge sticht.

Homepage

Wie Sie Ihre Homepage gestalten oder gestalten lassen, bleibt Ihnen überlassen!

Grundsätzlich sollten Sie darauf achten, dass man auf einfache Weise alle Rubriken anklicken und diese vor allem auch finden kann.

Stellen Sie das Buchcover ein und setzen Sie einen Link (Sie erhalten eine Partner-ID für Bestellungen; die durch Sie zustande kommenden Umsätze können so zugeordnet werden) zum Unternehmen, Anbieter, Autor etc.

Das ist einfach und geht in der Regel auch schnell.

Bedenken Sie bitte, dass Sie das Banner, das Buchcover etc. gut sichtbar auf Ihrer Homepage platzieren.

Impressum für die Homepage

Wenn Sie eine Homepage erstellen, achten Sie darauf, dass alle wichtigen Punkte auffindbar sind und das Impressum entsprechend Ihrer Tätigkeit, der Vertragspartnerschaft etc. angegeben wird.

Wenn Sie privat und lediglich als Empfehlungsgeber aktiv sind, dann können Sie Rubriken wie z. B. Vertragsgegenstand, Versandkosten etc. weglassen. Passen Sie das Impressum einfach nach Ihren Bedürfnissen an.

Hier ein Beispiel für ein Impressum:

Impressum:

Teil I – oberer Abschnitt:

Max Mustermann
Musterfirma (selbstständiger Vertriebspartner, Partner von xxx, selbstständiger freier Handelsvertreter, Einzelunternehmen etc.)
Musterstraße 0
00000 Musterstadt

Tel.: +49 XXX-XXXXX
Fax: +49 XXX-XXXXX

E-Mail:

Verantwortlich:
Max Mustermann
Musterstraße 0
00000 Musterstadt

Kontakt:
Tel.: +49 XXX-XXXXX
Fax: +49 XXX-XXXXX
E-Mail:

Finanzamt ___________

Steuernummer: XXX/XXXX/XXXX

Als Kleinunternehmer im Sinne von § 19 Abs. 1 UStG wird Umsatzsteuer nicht berechnet. (Wenn dem so ist, wenn Sie also kein Kleinunternehmer sind, dann steht hier Ihre Umsatzsteuer-Identifikationsnummer.)

Der untere Teil – ich empfehle, die Trennung mit einem durchgezogenen Strich oder Ähnlichem kenntlich zu machen – ist wie folgt auszufüllen:

Allgemeine Geschäftsbedingungen (AGB)

1. Zustandekommen des Vertrags

Mit Ihrer Bestellung geben Sie ein verbindliches Angebot an uns ab, einen Vertrag mit Ihnen zu schließen. Mit der Zusendung einer Auftragsbestätigung per E-Mail an Sie oder der Lieferung der bestellten Ware können wir dieses Angebot annehmen. Zunächst erhalten Sie eine Bestätigung des Eingangs Ihrer Bestellung per E-Mail an die von Ihnen angegebene E-Mail-Adresse (Bestellbestätigung). Ein Kaufvertrag kommt jedoch erst mit dem Versand unserer Auftragsbestätigung per E-Mail an Sie oder mit der Lieferung der bestellten Ware zustande.

2. Speicherung des Vertragstextes

Den Vertragstext Ihrer Bestellung speichern wir. Sie können diesen vor dem Versenden Ihrer Bestellung an uns ausdrucken, indem Sie im letzten Schritt der Bestellung auf „Drucken" klicken. Wir senden Ihnen zudem eine Bestellbestätigung sowie eine Auftragsbestätigung mit allen Bestelldaten und unseren Allgemeinen Geschäftsbedingungen an die von Ihnen angegebene E-Mail-Adresse.

3. Eigentumsvorbehalt

Die gelieferte Ware bleibt bis zur vollständigen Bezahlung aller Forderungen unser Eigentum.

4. Preise, Versandkosten, Rücksendekosten bei Widerruf

Preise

Alle Preise sind Endpreise. Umsatzsteuer wird gemäß § 19 Abs. 1 UStG nicht erhoben. *(Es sei denn, Sie müssen sie erheben, dann ist dieser Satz natürlich nicht vermerkt.)*

Versandkosten

Die Versandkosten betragen pro Bestellung xx €.

Widerruf

Für den Fall eines Widerrufes genügt die rechtzeitige Rücksendung der Ware. Vom Umtausch ausgeschlossen sind: *(Tragen Sie hier die Ausschlusskriterien ein).*

Rücksendekosten

Bei Rücksendungen trägt der Kunde die Rücksendekosten. (*Oder formulieren Sie, wie Sie diesen Punkt handhaben.)*

5. Lieferbedingungen

Als Lieferzeiten gelten die beim Angebot angegebenen Lieferzeiten; diese zählen ab dem Zahlungseingang und betragen ca. 2–3 Werktage. Bei Lieferung auf Rechnung oder Zahlung per Lastschrift beginnen die Lieferzeiten mit Annahme des Vertrages seitens des Unternehmens. *(Hier achten Sie bitte darauf, dass Sie Ihr Warenlager im Auge haben, oder aber Sie verlängern die Lieferzeiten, wenn Sie keines besitzen.)*

6. Zahlungsbedingungen

Die Zahlung erfolgt wahlweise per Vorkasse durch Vorab-Überweisung, per Rechnung, per Lastschrifteinzug oder per Nachnahme oder PayPal. Wir behalten uns vor, einzelne Zahlungsarten auszuschließen. Bei Wahl der Zahlungsart Vorkasse nennen wir Ihnen die Bankverbindung in der Auftragsbestätigung. Der Rechnungsbetrag ist binnen 10 Tagen auf unser Konto zu überweisen. *(Nennen Sie hier Ihre Zahlungsbedingungen, über die Sie sich im Klaren sein sollten!)*

7. Datenschutz

Bei Anbahnung, Abschluss, Abwicklung und Rückabwicklung eines Kaufvertrages werden von uns Daten im Rahmen der gesetzlichen Bestimmungen erhoben, gespeichert und verarbeitet.

Beim Besuch unseres Internetangebots werden die aktuell von Ihrem PC verwendete IP-Adresse, Datum und Uhrzeit, der Browsertyp und das Betriebssystem Ihres PCs sowie die von Ihnen betrachteten Seiten protokolliert. Rückschlüsse auf personenbezogene Daten sind uns damit jedoch nicht möglich und auch nicht beabsichtigt.

Die personenbezogenen Daten, die Sie uns z. B. bei einer Bestellung oder per E-Mail mitteilen (z. B. Ihr Name und Ihre Kontaktdaten), werden nur zur Korrespondenz mit Ihnen und nur für den Zweck verarbeitet, zu dem Sie uns die Daten zur Verfügung gestellt haben. Wir geben Ihre Daten nur an das mit der Lieferung beauftragte Versandunternehmen weiter, soweit dies zur Lieferung der Waren notwendig ist. Zur Abwicklung von Zahlungen geben wir Ihre Zahlungsdaten an das mit der Zahlung beauftragte Kreditinstitut weiter.

Wir versichern, dass wir Ihre personenbezogenen Daten im Übrigen nicht an Dritte weitergeben, es sei denn, dass wir dazu gesetzlich verpflichtet wären oder Sie vorher ausdrücklich eingewilligt haben. Soweit wir zur Durchführung und Abwicklung von Verarbeitungsprozessen Dienstleistungen Dritter in Anspruch nehmen, werden die Bestimmungen des Bundesdatenschutzgesetzes eingehalten.

Dauer der Speicherung

Personenbezogene Daten, die uns über unsere Webseite mitgeteilt worden sind, werden nur so lange gespeichert, bis der Zweck erfüllt ist, zu dem sie uns anvertraut wurden. Soweit handels- und steuerrechtliche Aufbewahrungsfristen zu beachten sind, kann die Dauer der Speicherung bestimmter Daten bis zu 10 Jahre betragen.

Ihre Rechte

Sollten Sie mit der Speicherung Ihrer personenbezogenen Daten nicht mehr einverstanden oder diese unrichtig geworden sein, werden wir auf eine entsprechende Weisung hin im Rahmen der gesetzlichen Bestimmungen die Löschung, Korrektur oder Sperrung Ihrer Daten veranlassen. Auf Wunsch erhalten Sie unentgeltlich Auskunft über alle personenbezogenen Daten, die wir über Sie gespeichert haben. Bei Fragen zur Erhebung, Verarbeitung oder Nutzung Ihrer personenbezogenen Daten, für Auskünfte, Berichtigung, Sperrung oder Löschung von Daten wenden Sie sich bitte an:

Muster Mustermann
Musterstraße 0
00000 Musterstadt

Haftung für Inhalte

Die Inhalte unserer Seiten wurden mit größter Sorgfalt erstellt. Für die Richtigkeit, Vollständigkeit und Aktualität der Inhalte können wir jedoch keine Gewähr übernehmen. Als Dienstanbieter sind wir gemäß § 7 Abs. 1 TMG für eigene Inhalte auf diesen Seiten nach den allgemeinen Gesetzen verantwortlich. Nach §§ 8 bis 10 TMG sind wir als Dienstanbieter jedoch nicht verpflichtet, übermittelte oder gespeicherte fremde Informationen zu überwachen oder nach Umständen zu forschen, die auf eine rechtswidrige Tätigkeit hinweisen. Verpflichtungen zur Entfernung oder Sperrung der Nutzung von Informationen nach den allgemeinen Gesetzen bleiben hiervon unberührt. Eine diesbezügliche Haftung ist jedoch erst ab dem Zeitpunkt der Kenntnis einer konkreten Rechtsverletzung möglich. Bei Bekanntwerden von entsprechenden Rechtsverletzungen werden wir diese Inhalte umgehend entfernen.

Haftung für Links

Unser Angebot enthält Links zu externen Webseiten Dritter, auf deren Inhalte wir keinen Einfluss haben. Deshalb können wir für diese fremden Inhalte auch keine Gewähr übernehmen. Für die Inhalte der verlinkten Seiten ist stets der jeweilige Anbieter oder Betreiber der Seiten verantwortlich. Die verlinkten Seiten wurden zum Zeitpunkt der Verlinkung auf mögliche Rechtsverstöße überprüft. Rechtswidrige Inhalte waren zum Zeitpunkt der Verlinkung nicht erkennbar. Eine permanente inhaltliche Kontrolle der verlinkten Seiten ist jedoch ohne konkrete Anhaltspunkte einer Rechtsverletzung nicht zumutbar. Bei Bekanntwerden von Rechtsverletzungen werden wir derartige Links umgehend entfernen.

Urheberrecht

Die durch die Seitenbetreiber erstellten Inhalte und Werke auf diesen Seiten unterliegen dem deutschen Urheberrecht. Die Vervielfältigung, Bearbeitung, Verbreitung und jede Art der Verwertung außerhalb der Grenzen des Urheberrechtes bedürfen der schriftlichen Zustimmung des jeweiligen Autors bzw. Erstellers. Downloads und Kopien dieser Seite sind nur für den privaten, nicht kommerziellen Gebrauch gestattet. Soweit die Inhalte auf dieser Seite nicht vom Betreiber erstellt wurden, werden die Urheberrechte Dritter beachtet. Insbesondere werden Inhalte Dritter als solche gekennzeichnet. Sollten Sie trotzdem auf eine Urheberrechtsverletzung aufmerksam werden, bitten wir um einen entsprechenden Hinweis. Bei Bekanntwerden von Rechtsverletzungen werden wir derartige Inhalte umgehend entfernen.

Datenschutz

Die Nutzung unserer Webseite ist in der Regel ohne die Angabe personenbezogener Daten möglich. Soweit auf unseren Seiten personenbezogene Daten (beispielsweise Name, Anschrift oder E-Mail-Adresse) erhoben werden, erfolgt dies, soweit möglich, stets auf freiwilliger Basis. Diese Daten werden ohne Ihre ausdrückliche Zustimmung nicht an Dritte weitergegeben.

Wir weisen darauf hin, dass die Datenübertragung im Internet (z. B. bei der Kommunikation per E-Mail) Sicherheitslücken aufweisen kann. Ein lückenloser Schutz der Daten vor dem Zugriff durch Dritte ist nicht möglich.

Der Nutzung von im Rahmen der Impressumspflicht veröffentlichten Kontaktdaten durch Dritte zur Übersendung von nicht ausdrücklich angeforderter Werbung und Informationsmaterialien wird hiermit ausdrücklich widersprochen. Die Betreiber der Seiten behalten sich ausdrücklich rechtliche Schritte im Falle der unverlangten Zusendung von Werbeinformationen, etwa durch Spam-Mails, vor.

Wie bereits erwähnt, ist dies nur ein Beispiel!

Bitte erstellen Sie den für Sie passenden Text bzw. ändern Sie die einzelnen Rubriken so, dass er für Sie und Ihr Geschäft verständlich und passend ist!

Stempel

Achten Sie bei einem Stempel bitte darauf, dass Name, Anschrift und Homepage wie auch Ihre Steuernummer sichtbar sind.

Dies nimmt Ihnen künftig viel Arbeit ab. Warum? Weil Sie sonst Ihre Steuernummer auf jeder Quittung selbst eintragen müssen!

Ein Beispiel dafür:

Ihr Name
Straße
PLZ/Ort
Homepage
Steuernummer: XXX/XXXX/XXX

Heben Sie Ihren Namen hervor und lassen Sie diesen etwas größer und fett drucken, so verleihen Sie ihm einen besonderen Touch.

Adressaufkleber

Adressaufkleber sind eine tolle Sache, die allerdings im Gegensatz zum Stempel auf Briefumschlägen kostenintensiv sein können. Vorteil: Sie machen mehr aus Ihrem Brief. Probieren Sie es doch mal aus!

Ich unterscheide bei meinen Sendungen zwischen Büchersendung, Päckchen und normaler Post.

Die normale Post bekommt ein Tuning mit einer Veredelung, die genauso aussieht wie meine Visitenkarte, und die Büchersendungen bekommen schwarz-weiße Etiketten oder aber einen Stempel als Absender. Allerdings nutze ich hier einen weiteren Stempel, der wie oben aufgeführt ist, nur ohne Steuernummer.

Quittungen

Warum sich selbst viel Arbeit machen, wenn Quittungsblöcke schon für wenige Cent im Handel erhältlich sind?

Ein ganz normaler zwei- oder aber dreifach durchschreibender Quittungsblock ist praktisch.

Bei Verwendung mehrfach durchschreibender Quittungsblöcke sparen Sie sich sogar Arbeit, denn eine Durchschrift kann direkt bei den Steuerunterlagen unter der Rubrik „Einnahmen“ abgeheftet werden.

Ordner

Tun Sie sich selbst einen Gefallen und legen Sie sich Aktenordner zu. Diese können Sie schon für ca. einen Euro pro Stück in fast allen Geschäften kaufen. Beschriften Sie diese Ordner wie folgt:

- Verkauf/Einnahmen
- Ausgaben
- Bestellungen

Verkauf/Einnahmen

Hier heften Sie nun alle Belege ab, zu denen Sie Bargeld erhalten haben, oder auch die Kontoauszüge/Buchungsbelege, wenn Rechnungen geschrieben wurden. Das wird Ihnen bzw. Ihrem Steuerberater einiges an Arbeit ersparen.

Richtig praktisch ist es, wenn Sie die Monate mit einem Trennstreifen separieren und den entsprechenden Monat auf den Rand schreiben. So haben Sie und Ihr Steuerberater schnellen Zugriff auf den gewünschten Monat. Sollten Sie mal einen Auszug haben, zu dem zwei oder mehr Buchungen stattfanden, die sich aber auf einem Blatt befinden, so kopieren Sie ihn.

Ausgaben

Alle Belege Ihrer Ausgaben, wie z. B. für den Bucheinkauf, Werbematerialien, Büromaterial etc., werden hier abgeheftet. Da kommt sehr schnell sehr viel zusammen.

Auch hier verwenden Sie einen Trennstreifen, damit Sie mit einem Griff zum entsprechenden Monat und den dazugehörigen Belegen gelangen.

Bestellscheine

Jeden Bestellschein heften Sie am besten direkt nach dem Versand der Bestellung ab. Separieren Sie hier die einzelnen Monate mit einem Trennstreifen, dann finden Sie sich stets schnell und unkompliziert zurecht, falls Sie oder Ihr Steuerberater etwas suchen.

Ist doch eine ganze Menge, oder?

Auch wenn es viel erscheint, so sind es einfach nur viele Kleinigkeiten, die allerdings eine enorme Zeitinvestition erfordern. Also nehmen Sie sich die Zeit, die es braucht, und entscheiden Sie für sich, was wichtig und ein Muss ist.

Bestellformulare

Wenn Sie über das Unternehmen, für das Sie aktiv tätig sind, keine Bestellformulare bzw. Bestellscheine erhalten, fertigen Sie diese einfach und schnell selbst an.

Wichtig ist, dass Folgendes auf dem Bestellschein vermerkt ist:

- Vorname
- Nachname
- Anschrift, alternativ auch Straße, PLZ und Ort
- Telefonnummer
- Geburtsdatum (dieses zu kennen, kann sehr nützlich sein. So können Sie Ihre Kunden zum Geburtstag mit einer kleinen Aufmerksamkeit überraschen.)
- E-Mail-Adresse
- Felder zum Ankreuzen:
  Ich interessiere mich für die Kategorie:

___ Lyrik
___ Erotik
___ Liebesromane
___ Krimis
___ Ratgeber
___ Kurzgeschichten
___ Erzählungen
___ Sonstiges: ___________________________

Ich interessiere mich für eine Tätigkeit im Buchvertrieb:

___ Ich möchte Buchempfehlungsgeber werden.
___ Ich möchte Buchvertriebspartner bzw. Buch-Verkaufsberatung werden.

- Zur Bestellung sollten folgende Felder angefertigt werden: Titel, ISBN, Preis, Menge.
- Ein Stempelfeld für Sie als Verkäufer, Vertriebspartner, Verkaufsberatung etc. (Sie können Ihre Visitenkarten-/Kontaktdaten auch direkt hineinschreiben.)
- Unterschriftenfelder für Sie und den Besteller
- Feld, ob der Betrag bereits entrichtet wurde
- Sie können auch aus einem Bestellformular ein dreifaches Formular machen. Hier setzen Sie je Kästchen vor die gewünschte Art bzw. den Gebrauch des Scheines als:

___ Bestellung
___ Lieferschein
___ Rechnung

Achten Sie bei der Nutzung als Rechnung bitte darauf, dass Ihre Steuernummer angegeben ist! Am besten platzieren Sie diese oben bei Ihren Kontaktdaten oder in der Fußzeile.

Und hier ein Muster für ein Bestellformular:

☐ Bestellung
☐ Lieferschein
☐ Rechnung

Datum: ____________________ ☐Firma ☐Frau ☐Herr

Name: ____________________ Vorname: ____________________

Straße: ____________________ PLZ: ____________________

Tele: ____________________ Ort: ____________________

E-Mail: ____________________ Geburtsdatum: ____________________

Kunden-Nummer:

☐Ich möchte Premiumkunde werden ☐Ich möchte Empfehlungsgeber werden ☐Ich möchte Buchvertriebspartner werden ☐Lesungstermin ausmachen

Artikel	*Artikel-Nummer/ ISBN*	*Preis*	*Menge*	*Gesamtpreis*
		14,90 €		
		12,90 €		
		14,50 €		
		14,50 €		
		10,00 €		
		14,50 €		
		14,50 €		
		10,00 €		
Rechnungsbetrag:				**€**

Buchvertriebspartner ____________________

Ausstellungsdatum ____________________

Lieferdatum ____________________

Unterschrift Kunde ____________________

Betrag in bar erhalten! ____________________

Finanzamt Münster * Steuernummer: 337/5169/2003

Als Kleinunternehmer im Sinne von § 19 Abs. 1 UStG wird Umsatzsteuer nicht berechnet

Tipps für den Versand

Hier geht es darum, dass Sie immer auf der richtigen Seite sind!

Bitte achten Sie, wenn Sie nicht unnötig Verlust machen wollen, darauf, dass Sie einen Sendungsnachweis haben.

Es gibt Zahlungsmöglichkeiten, da müssen Sie im Falle eines Falles nachweisen, dass Sie versandt haben und/oder der „Empfänger“ oder wer auch immer angenommen hat, damit Sie im Streitfall keine Rückzahlung des sogenannten Käuferschutzes haben. Zudem ist es, auch wenn es teurer ist, immer besser, nachweisen zu können, wann eine Sendung rausgegangen ist und wer diese angenommen hat.

Leider passiert es nämlich gelegentlich bei Büchersendungen: **„Lieferung nicht erhalten“**.

Es ist schon ärgerlich genug, dass diese Sendungen länger als die normale Post unterwegs sind; noch ärgerlicher wird es, wenn diese Sendungen, weil sie zum Beispiel nicht in den Briefkasten des Empfängers passen, abgelegt werden und „irgendwer“ sie in seinen Besitz nimmt.

Der Kunde wird Ihnen, sollte die Sendung ihn nicht erreichen, natürlich kein Geld zahlen und vermutlich auch nicht noch einmal bestellen.

Bitte bedenken Sie, dass versicherte Sendungen wie Pakete oder Einschreiben, die Ihnen den gewünschten Nachweis bieten, mehr kosten als Büchersendungen, Briefe oder Päckchen.

Wenn Sie eine Sendung auf den Weg geben und das Bestellformular mit Mehrfachnutzen verwenden, dann kreuzen Sie „Lieferschein“ sowie „Rechnung“ an. Sollten Sie persönliche Übergaben bzw. Auslieferungen vornehmen, dann gilt das ebenso.

Sie finden aber auch Vorlagen im Internet und können diese Ihren Bedürfnissen anpassen.

Wichtig ist nur, dass Sie alle für Ihre Abrechnung nötigen Papiere zu den einzelnen Vorgängen in Ihrem Kundenordner abheften!

Hilfe für den Kontaktaufbau

So sollten Sie Ihre Kontakte aufbauen, pflegen und nutzen!

Legen Sie sich das Buch *„Kapital Kontakte Bücher"* sowie *„In 60 Tagen erfolgreich Bücher verkaufen"* zu. Beides können Sie im Handel erwerben.

Nur wenn Sie tatsächlich zahlreiche Kontakte notieren und diese anschließend, weil jeder Kontakt wirklich bares Geld ist, zu nutzen und zu begeistern wissen, dann werden Sie auch dauerhaft erfolgreich sein. Zudem erfahren Sie so mehr über Ihre Kontakte, deren Wünschen, ihren Bedarf und vieles mehr.

Der Buchvertrieb zusammengefasst

Nun haben Sie viele wichtige Informationen, die Sie zum Start benötigen.

Hier noch einmal die Zusammenfassung in Kurzform:

Nehmen Sie all Ihren Mut zusammen, wenn Sie meinen, dass Sie ihn noch nicht besitzen, und legen Sie los.

Sobald Sie Ihr Buchpaket erhalten haben, werden Sie aktiv. Vorab können und sollten Sie schon die Werbetrommel rühren und beispielsweise Plakate aufhängen, Kunden und Gäste darauf hinweisen, Warengutscheine überreichen und sich darauf freuen, dass Sie in Kürze Umsätze erzielen werden.

Es ist ganz gleich, ob Sie die Muttis im Kindergarten oder in der Schule ansprechen, beim Sport über die Bücher sprechen, im Fitness-Center, am Arbeitsplatz, in Gegenwart von Kollegen, Bekannten, Freunden etc. Schlauerweise haben Sie da bereits Visitenkarten und eine Homepage, damit Sie die neugierigen Menschen schon einmal gucken lassen können. Schicken Sie all Ihren Kontakten (unter anderem denen von der Namensliste, die Sie angefertigt haben) eine E-Mail und weisen Sie mit einem eventuellen

Angebot auf Ihre Tätigkeit und die angebotenen Büchern hin!

Achten Sie aber bitte immer darauf, dass Sie dem Buchpreisbindungsgesetz unterliegen! Das bedeutet, dass Sie die Bücher im Kreise Ihrer Bekannten schon mal günstiger verkaufen können, ebenso wie im Handel, aber sonst nicht!

***Ausnahme:** Gutschein-Aktionen!*

Und glauben Sie mir eines: Die Menschen sind neugierig. Selbst wenn der Mensch, dem Sie den Gutschein überreicht haben, nicht selbst einkauft, so reicht er diesen weiter, damit anonym bzw. undercover dieser dennoch eingelöst, mit ihm gespart und eingekauft wird.

Gutscheine sorgen für die Gewinnung, Aktionen für die Bindung von Kunden!

Wenn Sie das Buchpaket – Ihre Grundausstattung, die Sie für sich bestellt haben – erhalten, werden Sie voller Stolz und Freude das Paket entgegennehmen, es öffnen und sich im Geiste auf Ihre neue Tätigkeit einlassen. Gedanken schwirren durch Ihren Kopf und Sie werden es erst einmal verinnerlichen müssen, bis Sie sich die Zeit nehmen und vielleicht bei einem

Glas Rotwein auf der Couch liegen, die Bücher verschlingen und dann Ihr Resümee daraus ziehen. Nachdem Sie sich noch einmal vergegenwärtigt haben, dass Sie diese Bücher ja vertreiben, schnappen Sie sich Unterlagen bzw. Geschäftspapiere, Bücher und Visitenkarten und legen los. Laufen Sie von A nach B und stellen Sie sich vor oder werben kräftig in Ihrem Geschäft, Lokal, Unternehmen etc., bei Ihren Kunden und Mitarbeitern.

Kontaktieren Sie Freunde, Familie, Kollegen, Angestellte, Mitarbeiter und animieren Sie diese, für Sie tätig zu werden. Diese als Empfehlungsgeber oder Vertriebspartner zu gewinnen, ist leichter, als Sie denken. Sie werden sehen, dass Sie sich recht bald ein Team aufgebaut haben, wenn Sie jedem Einzelnen die Vergütungspläne und die Tätigkeit richtig erklären!

Doch nehmen Sie sich in Acht, nicht jeder wird Ihr „wahrer Vertriebspartner“ werden oder sein! Einige werden dabei sein, die Sie entweder ausnutzen wollen oder aber nur ihren Vorteil darin sehen, Sie zu kennen, um selbst günstiger an Bücher heranzukommen.

Traurig, aber wahr! Also genießen Sie Ihren neuen Buchvertrieb mit ein wenig Vorsicht! So mühsam der Weg auch ist, so belohnender ist es, wenn Sie im Nachhinein sehen und nachvollziehen, was er Ihnen eingebracht hat.

Im Erfolgsbuch („*In 60 Tagen erfolgreich Bücher verkaufen*") notieren Sie Ihre positiven Kontakte und ziehen 60-tägig ein Resümee der geleisteten Arbeit.

Sie werden sehen, dass Sie vieles erreichen, wenn Sie nur wollen, und immer mehr schaffen, wenn Sie an sich glauben und auch etwas dafür tun! In kleinen Schritten werden Sie Ihre Ziele nach und nach erreichen. Sie werden immer besser werden, selbst wenn die eine oder andere Durststrecke Sie vorübergehend ausbremst.

Sollte dieser Fall tatsächlich einmal eintreten, stellen Sie sich vor den Spiegel und schauen Sie sich an. Was ist anders? Hat sich Ihr Aussehen geändert? Ist irgendwas mit Ihrem Erscheinungsbild nicht mehr in Ordnung?

Oft die Antwort eine ganz simpel: Sie haben zu viel im Kopf und blockieren sich selbst!

Soll man gar nicht glauben, dass es so ist, aber es ist so!

Nehmen Sie dann Ihr Erfolgsbuch: *„Karriere Buchvertrieb – in 60 Tagen zur erfolgreichen Verkaufsberatung!"* in die Hände und legen Sie wieder los!

Schauen Sie nach, was Sie wann gemacht haben, um Ihr Geschäft voranzubringen, und denken Sie daran zurück, wie Sie an einem besonders erfolgreichen Tag drauf waren. Was war anders? Welche Aktion lief da?

Schnell werden Sie die Antworten finden und wieder zurück an die Arbeit gehen und belohnt werden! Sie werden sehen! Sie schaffen das, wenn Sie nur wollen!

Ich wünsche Ihnen viel Erfolg mit dem Buchvertrieb und der Buchvertriebspartnerschaft, ebenso wie dem Empfehlungsmarketing. Mögen gute Umsätze Sie an Ihr Ziel bringen!

Zum Schluss ...

Viele Wege führen zum Erfolg, aber nur wer begriffen hat, dass Vertrieb auch Arbeiten heißt, selbst etwas tun zu müssen, der wird wirklich Erfolg haben!

Hat Ihnen mein Buch: *„Empfehlen & Verkaufen im Buchvertrieb“* gefallen?

Ich freue mich, wenn Sie es weiterempfehlen, verschenken oder Ihren künftig geworbenen bzw. eingestellten Vertriebspartnern und Empfehlungsgebern zum Start überreichen!

Besuchen Sie mich im Internet unter:

www.Jakobs-Verlag.de

Ich freue mich auf Sie!